Le Basi del Digital e Social Media Marketing

Come tutto è iniziato: uno sguardo al mondo digitale del 2012

Roberto Dell'Ariccia

© Copyright 2020 - All rights reserved.

Table of Contents

Introduzione 1
Breve Storia Dei Social Network 4
Principi Del Social Media Marketing 9
    Le Nuove Regole Del Marketing 9
    Web E Brand Reputation 15
    Verso Il Social Crm 19
    Marketing Non Convenzionale 22
Strumenti E Tecniche Del Marketing Digitale 31
    Email Marketing 31
    Newsletter 36
    Direct Email Marketing 40
    Email Transazionali 43
    Analisi Dei Risultati Di Invio 45
    Search Marketing 46
    1.   Alta Profilazione 47
    2.   Alta Misurabilità Del Roi 47
    3.   Contenuti Costi Iniziali 48
    4.   Ampia Audience 48
    Search Engine Marketing (Sem) 53

Analisi E Definizione Degli Obiettivi 55

Analisi Delle Keyword 55

Scrittura Degli Annunci 56

Progettazione Della Landing Page 56

Monitoraggio 57

Ottimizzazione 58

Search Engine Optimization (Seo) 58

Crawling 59

Indexing 59

Ranking 59

Affiliate Marketing 60

Real Time Tracking 61

Mobile Marketing 66

Social Media Analytics 72

Counting Metrics 73

Business Oriented Metrics 75

Foundational Metrics 76

Performance Metrics 77

Incremento Della Visibilità 77

Incentivazione Del Dialogo 80

Incremento Delle Interazioni 80

Facilitazione Del Supporto 81

Promozione Dell'advocacy 82
Stimolo Dell'innovazione... 83
Casi Di Studio 86
Cisco: La Presenza Aziendale Sui Social Media 86
Corporate Newsroom 87
Twitter 88
Facebook.. 89
Flickr 90
Youtube 91
Blogs 92
Facebook Offers: Sfruttare Gli Strumenti Avanzati Dei Social Network 96
Best Western Italia... 98
Totalerg 100
Fastweb.. 101
American Express: Social Shopping Tramite Foursquare 104
Cisco: Lancio Di Un Prodotto Tramite Social Media 107
Second Life.. 109
3d Game 109
Video Conferenza 110
Social Media Widget.. 111
Bravo: Tv E Social Media 113

Bibliografia 116
Sitografia 118

Introduzione

Questo libro ha come argomento principale il mondo dei social media e le possibilità che questi offrono alle aziende per innovare e variare le proprie strategie di comunicazione e marketing.

Frutto del mio Project Work finale nell'ambito del Master di Secondo Livello in Ingegneria dell'Impresa che ho seguito all'Università di Tor Vergata, è essenzialmente una fotografia dello stato dei social media e del mondo digitale riferito al 2012.

Questo lavoro, durato 6 mesi, è stato importantissimo per la mia professione perché da qui in poi non sono più stato lo stesso: da ingegnere che lavorava nel settore Aerospazio e Difesa mi stavo trasformando in un profilo poliedrico, che io chiamo profilo Π (pi greco).

Un profilo Π, termine coniato da me, è un profilo che ha essenzialmente due anime professionali, una digitale e una non originariamente digitale. Se ne vuoi sapere di più ti consiglio di seguirmi sul mio sito dove troverai i riferimenti per la mia newsletter e i mie social: https://www.robertodellariccia.com/

L'obiettivo era di mettere un po' di ordine in una branca del marketing in rapida evoluzione perché legata a tecnologie che variano velocemente e che offrono strumenti sempre nuovi da conoscere e necessari da padroneggiare da parte dei marketer.

Il lavoro è sostanzialmente diviso in tre parti principali. Nella prima (capitoli uno e due), dopo una breve introduzione sulla storia dei Social Network, sono evidenziati i principi generali di questa evoluzione del marketing, per poi esplorare i principali strumenti e le tecniche del marketing digitale nel capitolo tre.

Nel capitolo quattro si analizzano possibili metriche di misurazione delle attività sui social media, ponendo in risalto le differenze di approccio rispetto alla web analytics classica.

Infine, nel capitolo cinque, sono stati analizzati casi di studio di notevole interesse per evidenziare vantaggi e svantaggi di campagne di marketing basate quasi esclusivamente sull'utilizzo dei social media.

Dunque, il lavoro presente può essere considerato un punto di partenza o un manuale di base per comprendere le dinamiche del marketing digitale con particolare focus sui social network e le tecniche non convenzionali.

Se alla fine della lettura avrai avuto la sensazione di aver imparato qualcosa di nuovo ti chiedo di lasciare una recensione il più obiettiva possibile. Grazie e buona lettura!

Roberto

Breve storia dei Social Network

I Social Networking Sites (SNS) possono essere definiti come quei servizi Internet che presentano essenzialmente tre caratteristiche (Boyd ed Ellison, 2007):

- Permettono la creazione di un profilo pubblico o semi-pubblico
- Presentano la possibilità di articolare una lista di contatti
- Presentano la possibilità di scorrere la lista di amici dei propri amici

Nella storia del WEB il primo servizio a rispondere positivamente a tutte e tre le caratteristiche è stato SixDegrees.com, lanciato nel 1997: dopo di che dovettero passare altri anni prima di vedere un altro SNS attivo, ovvero Friendster nel 2003.

Quest'ultimo presentava la novità di avere utenti registrati con il loro nome vero e con una loro fotografica, permetteva di cercare le persone che vivevano nelle vicinanze e di decidere se connettersi o meno.

Il suo successo fu talmente veloce che l'azienda non riuscì ad adeguare il parco server per far fronte alla domanda, provocando disservizi che portavano addirittura al caricamento di una pagina in mezzo minuto e a quel punto gli utenti scontenti incominciarono a promuovere la migrazione verso un altro SNS nascente, MySpace.

MySpace fu inventato da Tom Anderson e Chris De Wolfe nel 2003 con l'obiettivo di avere uno spazio che i giovani potessero usare per fare tutto ciò che volevano: il vero successo arrivò quando gli utenti scoprirono un baco del sistema che permetteva loro di personalizzare le loro pagine e i fondatori furono intelligenti nel capire di favorire questo fenomeno.

Inoltre presto molti giovani artisti cominciarono ad usare MySpace come vetrina per pubblicizzarsi di fronte alle case discografiche che navigavano sul sito a caccia di talenti. Nel 2005 MySpace fu venduto per 600 milioni di dollari alla News Corporation di Rupert Murdoch.

Nel 2003 intanto appariva in rete uno dei colossi del WEB, LinkedIn, ideato da Reid Hoffman e altri membri di PayPal e Social.net. Dal punto di vista dell'utente, in questo caso il profilo personale diventa il proprio curriculum vitae e le relazioni sono quelle professionali, che sono usate per migliorare la propria carriera.

I numeri di LinkedIn sono: 1000 dipendenti e, secondo il Sole 24 ore, registra negli ultimi tre mesi del 2011 un aumento di fatturato del 105% a 167,7 milioni di dollari. Ad alimentare le casse sono le vendite di annunci pubblicitari, gli abbonamenti a servizi premium e i programmi per la ricerca di profili lavorativi all'interno della sua banca dati di curriculum e di connessioni.

L'utile netto nell'ultimo trimestre del 2011 è a 6.9 milioni di dollari, rispetto ai 5,3 milioni di dollari del 2010 nel medesimo periodo.

Il 4 febbraio 2004 fu messo online il social network The Facebook dal diciannovenne Mark Zuckerberg con l'obiettivo di creare una rete esclusiva tra persone conosciute, basata su identità reali, in modo tale da rimanere in contatto. Questa parziale chiusura portò a una crescita lenta che permise di evitare gli errori dei predecessori e di avere tempo per programmarne l'evoluzione e l'espansione. In seguito arrivarono l'applicazione per le foto, i tag, e il news feed che permetteva agli utenti di conoscere le novità della rete senza sforzo. Il passo successivo, la trasformazione in piattaforma in grado di ospitare anche applicazioni di terze parti, permise a Facebook di raggiungere e superare gli 800 milioni di utenti attivi mensili e di sfidare Google.

L'invenzione di Twitter fu il frutto di un brainstorming tra i dirigenti dell'azienda Odeo: Jack Dorsey pensò a un servizio in grado di inviare piccoli messaggi a piccoli gruppi. Esso si configurava come social network asimmetrico, ovvero l'utente X è in grado di decidere di seguire gli aggiornamenti dell'utente Y senza il consenso di quest'ultimo e inoltre i messaggi di tutti sono visibili e indicizzati dai motori di ricerca.

Dunque Twitter si mostra più vicino ai media broadcast tradizionali quali TV e radio e la sua popolarità è maggiormente dovuta alla presenza di personaggi dello star system e al fatto che viene utilizzato come strumento di reporting sia dai giornalisti professionisti che da persone comuni testimoni di eventi.

Google+ è l'ultimo social network nato e il nome incarna l'ambizione di Google a diventare qualcosa in più rispetto all'antagonista di Facebook.

I suoi punti di forza sono il search, l'orientamento verso il mobile attraverso l'integrazione con Android e la predilezione del video come mezzo di comunicazione uno a molti. A livello di simmetria si colloca tra Facebook e Twitter: l'utente X ha la possibilità di seguire l'utente Y senza approvazione di

Y e allo stesso tempo quest'ultimo ha la possibilità di vedere gli aggiornamenti di X.

Infine, le caratteristiche che rendono unici i social network possono essere riassunti in tre punti:

- *Persistenza*: le azioni sui social network sono accessibili anche a distanza di anni

- *Ricercabilità*: le tracce in rete sono sempre più ricercabili

- *Replicabilità*: le tracce lasciate sono rappresentate da bit che possono essere riprodotti su altri supporti

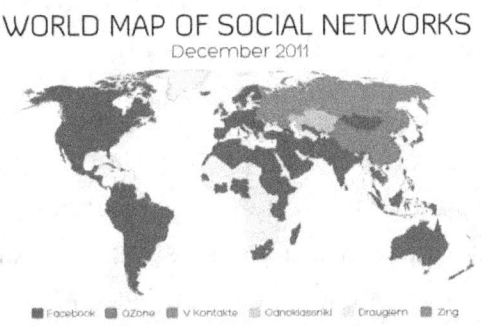

Figura 1 - Diffusione geografica dei Social Network (2011)

Principi del Social Media Marketing

Le nuove regole del marketing

Nel passato il modo di fare marketing delle aziende è stato sempre, per forza di cose, influenzato dai mezzi e dai modelli di consumo e produzione della società. Oggi ci troviamo in una situazione in cui molte imprese si trovano in una condizione di disorientamento rispetto ai nuovi mezzi e ai nuovi modelli comunicativi introdotti dalla rivoluzione culturale di Internet.

Al contrario, gli utenti sono molto più evoluti e scambiano all'interno dei social network contenuti e informazioni rilevanti per se stessi e/o per la propria cerchia di conoscenze: non stiamo parlando di transazioni economiche ma di transazioni puramente informative o simboliche ed è per questo che il termine consumatore risulta ormai una denominazione obsoleta per questa categoria di utenti.

Secondo le parole di Giampaolo Fabris, noto sociologo, si può ormai affermare che "il consumo è diventato un agire sociale rispetto a un agire economico".

Prima dell'avvento di Internet, in generale, le imprese B2C non avevano la possibilità di dialogare direttamente con i consumatori, a parte casi particolari che però riscontravano costi molto elevati. Diverso il caso del B2B, in cui il bisogno di dialogo era giustificato dall'importanza di poter acquisire un nuovo cliente, sempre comunque a costi elevati.

Inoltre, ammesso che ci fosse dialogo, era difficile ottenere a costi contenuti feedback dagli utenti finali mentre oggi siamo nell'era dei blog, dei forum dove il WEB 2.0 ha avvicinato il brand e i consumatori e non esiste più quell'esigenza fondamentale di arrivare alle persone con investimenti nei media tradizionali mediante Advertising e PR (People Relations) ma è probabilmente più efficace rivolgersi ai networker più influenti e in grado di essere abbastanza virali.

Oggi un'impresa cosciente dei nuovi media ha a disposizione un media mix composto da mezzi:

- *Buyed* o *Paid*: spazi pubblicitari su media tradizionali o sul web
- *Owned*: canali di proprietà, come sito web, blog, pagine Facebook
- *Earned*: tutte le pagine dei Social Network in

cui gli utenti hanno condiviso, commentato e dunque viralizzato i contenuti prodotti dall'impresa

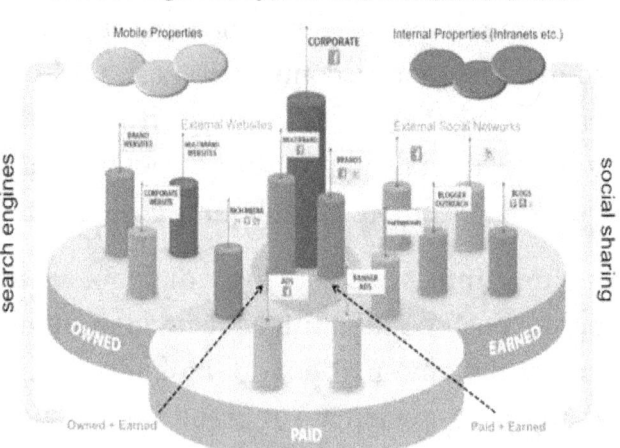

Figura 0.1 - Media Mix a disposizione delle aziende (darmano.typepad.com)

In precedenza, nei media tradizionali, erano generati dei messaggi monodirezionali, generalisti e non contestuali, che raramente intercettavano i bisogni dei clienti proprio quando questi si evidenziavano e ovviamente le forme di feedback tradizionali non avevano molta efficacia.

Oggi invece siamo nell'era del *Google Marketing*, in cui i link proposti da Google a fianco dei contenuti dei siti e nei risultati delle ricerche rappresentano un vero approfondimento contestuale dei contenuti a cui siamo in quel momento interessati.

Dunque siamo di fronte ad una vera e propria rivoluzione rispetto al classico bombardamento pubblicitario poiché un annuncio fatto con AdWords o AdSense appare solo nei contesti con maggior correlazione al bisogno che in quel momento viene espresso e quindi, rispetto al messaggio monodirezionale descritto prima, non presenta dispersione, intrusione e nemmeno interruzione.

Quello che è certo è che non sempre le persone sono in grado di esprimere i loro veri bisogni, anche perché molto spesso questi bisogni sono introdotti proprio dalle imprese: oggi però esiste uno strumento di marketing potentissimo basato dalle parole chiave inserite sul motore di ricerca Google. Questi dati permettono di passare dalle parole ai bisogni, essendo informazioni preziose sui problemi, gli interessi e le esigenze degli utenti.

Prima della rivoluzione di Internet, le agenzie di comunicazione seguivano un iter di lavoro molto consolidato e puntavano su due componenti principali dell'advertising, la creatività e la pianificazione dei media.

Oggi invece le componenti più importanti del marketing sono i *contenuti* e le *relazioni*, e i contenuti sono la base delle attività di Community Building che necessità di contenuti, contesto, connettività, continuità e collaborazione.

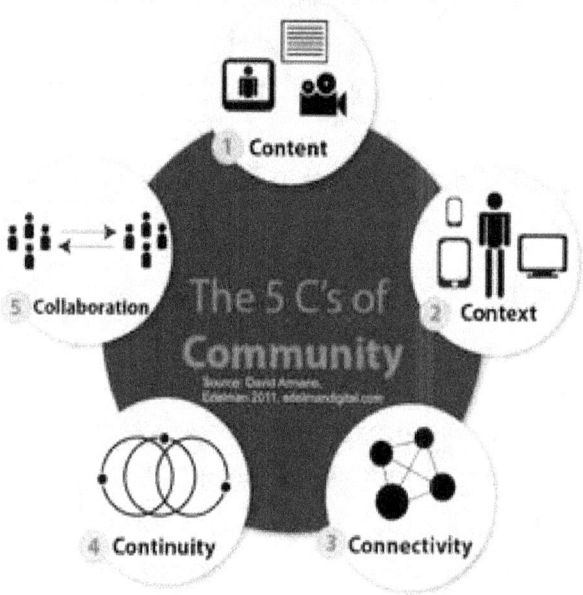

Figura 2 - I contenuti come componente principale del marketing (darmano.typepad.com)

I contenuti sono al centro del processo di Google Marketing e sono il linguaggio naturale usato per esprimere opinioni e bisogni sui Social Network e dunque contribuiscono all'edificazione della reputazione di un prodotto sul medio e lungo termine e non solo sul breve termine, come potrebbe essere per uno spot che passa e che viene dimenticato, perché non archiviato e tanto meno indicizzato.

Quello che cambia è anche la parte della strategia di marketing relativa alla campagna pubblicitaria e si passa dalle grandi campagne pubblicitarie a delle *micro strategie operative*. Nelle grandi campagne pubblicitarie è difficile intervenire dopo il lancio per aggiustare la strategia in base ai feedback degli utenti, hanno un limite temporale e l'efficacia è misurabile solo a posteriori: gli unici gradi di libertà sono rappresentati dalla *copertura*, ovvero gli spazi pubblicitari sui media selezionati, e dalla *frequenza*, rappresentata dalla durata e dai tempi degli annunci.

Oggi invece, con Internet, vengono adottate strategie non convenzionali, chiamate micro strategie operative, che hanno il vantaggio di permettere di verificare immediatamente l'efficacia della strategia di marketing impiegata e dunque di implementare gli opportuni aggiustamenti correttivi per migliorarne il risultato.

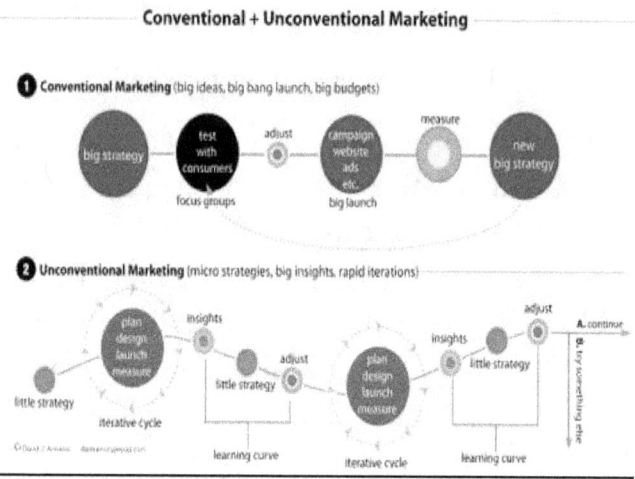

Figura 3 - Differenze tra campagna di advertising convenzionale e non convenzionale (darmano.typepad.com)

Web e Brand Reputation

La possibilità di costruzione di un brand tramite investimenti in comunicazione tradizionale diminuiscono più che proporzionalmente all'aumentare della facilità per le persone di scambiarsi direttamente informazioni (G. Diegoli, 2008).

Due sono i fattori ad alta interconnessione che influenzano la reputazione di un brand:

- ciò che viene comunicato dall'azienda, ovvero la propria identità in rete
- ciò che viene percepito e condiviso dalla audience di interesse

Da sempre, sia per le persone sia per le aziende, una buona reputazione porta a maggiori possibilità di successo ed espansione e quindi fatturato, poiché facilita il passaparola e in generale il ciclo di vendita in ogni sua fase.

Ovviamente, in passato, la comunicazione aziendale era un elemento predominante rispetto all'interconnessione dell'audience mentre ora lo scenario digitale ha di fatto rovesciato questo rapporto e prende forza l'idea di digital reputation, per l'affermazione della quale non sono disponibili "best practices" ma si fa ricorso quasi esclusivamente a strategie e tattiche operative inedite originate dall'esperienza e dalla sperimentazione diretta.

Infatti, ben poche teorie nella pratica aziendale si sono evolute in così poco tempo come quella della reputazione aziendale di fronte al proliferare di contenuti auto-generati dagli utenti. Fino a non molto tempo fa a livello aziendale era definita la figura del responsabile di immagine proprio perché l'importante era salvaguardare l'immagine aziendale, quello che veniva riflesso e trasmesso all'esterno e non la sostanza. Era un sistema basato sul controllo, in cui tramite le relazioni e i contatti si cercava di gestire la crisi e diminuire il dissenso, e sulla pubblicità monodirezionale in cui non c'era spazio per il diritto di replica o per le critiche.

La reputazione era tramandata oralmente da persona a persona con una degradazione dell'informazione molto veloce e la stessa azienda gestiva privatamente i propri indici di gradimento trasmettendo all'esterno ovviamente solo la parte più presentabile e verificabile in misura minore.

Con il WEB 2.0 gli utenti hanno preso il sopravvento comunicativo e gli interlocutori si moltiplicano: dunque focalizzarsi solo sulla propria immagine autoprodotta vuol dire oggi rischiare di ignorare la parte più importante e vera della reputazione aziendale, quella che si percepisce dall'esterno e non dall'interno.

Si possono riassumere le dinamiche delle informazioni più importanti relative al processo formativo della digital reputation, che la differenziano rispetto allo scenario precedente all'avvento del WEB 2.0:

- Persisitenza: anche dopo molto tempo qualunque cosa scritta online è reperibile.
- Indeperibilità: nella trasmissione dell'informazione da un soggetto a un altro l'informazione non viene degradata o modificata.
- Virulenza: tramite semplici copia e incolla o link forwarding ogni informazione può essere

facilmente e velocemente diffusa.

- Incancellabilità: qualora l'informazione venisse cancellata dai server originari, è possibile che venga riproposta in un secondo momento da altri siti.
- Verificabilità: le informazioni sono reperibili con una semplice ricerca su Google o sui Social Network.
- Ponderabilità: coloro che esprimono opinioni posseggono essi stessi una propria reputazione e possono diventare influencer oppure opinion leader.
- Multimedialità: l'esperienza relativa al brand e alla sua reputazione può contare sull'espansione dell'uso del video in rete e sui dispositivi mobili.
- Incontrollabilità: essendo dunque la digital reputation dipendente dalla somma di opinioni espresse da terzi e poco dipendente da ciò che si comunica, l'unica possibilità di influenza resta il dialogo e la conversazione.

Ogni gestione della reputazione inizia dall'ascolto e tanto più avviene in modo informale, tanto più le conversazioni saranno spontanee e indipendenti dalla nostra percezione: d'altro canto però, ascoltando la conversazione pubblica, entriamo in contatto solo con una piccola parte dell'audience, ovvero quella più comunicativa, poiché le persone scambiano molti più messaggi privati che pubblici.

Infine, a livello operativo, una delle decisioni più importanti per l'azienda è di decidere se gestire la reputazione con un team interno oppure optare per l'outsourcing.

Di solito questa gestione è demandata al reparto che generalmente è più sensibile alle influenze esterne, vale a dire il marketing: questo però è rischioso perché potrebbe portare a una visione esclusivamente pubblicitaria della funzione, tralasciando le dinamiche di ascolto.

Di contro, scegliendo un team esterno si avrebbe un sensore troppo poco influente ed esterno al flusso di gestione del rapporto col cliente.

Verso il Social CRM

Attualmente, sempre più frequentemente il ruolo del customer care e quello della gestione dei social media vengono mescolati: infatti il customer care deve oggi rispondere a problemi e domande che possono sorgere su blog o Social Network, da parte di clienti che non rispettano gli usuali flussi standard organizzativi.

La tendenza è quindi quella di una fusione dei sistemi di monitoraggio social con i classici CRM, ottenendo una sorta di Social CRM. Recentemente sono stati creati siti dedicati (come getsatisfaction.com) che permettono agli stessi clienti di partecipare al customer care contribuendo alla risoluzione dei problemi e al miglioramento dei prodotti.

Uno degli obiettivi cardine del Social CRM è quello della misurazione dell'influenza dei contributi generati dagli utenti e che coinvolgono l'azienda: la reputazione è dunque funzione dell'insieme dei messaggi generati dagli utenti, ognuno con un proprio livello di influenza nel settore di interesse e con un numero variabile di contatti che fissano il raggio d'azione.

Queste nuove caratteristiche del CRM hanno trasformato il cliente tradizionale in un nuovo soggetto, il Social Customer, che porta con sé un valore che deve essere calcolato con tecniche nuove rispetto al caso del CRM classico.

Anni fa, mentre il social media marketing faceva i suoi primi timidi passi negli USA, Bain & Company e Satmetrix System, introdussero il Net Promoter Score, ovvero il "tasso di passaparola" di un'azienda, anticipamdo quella che sarebbe diventata una necessità di qualsiasi impresa 2.0.

L'NPS di un'azienda si calcola semplicemente

ponendo ai clienti una domanda banale:

"Raccomanderesti questo prodotto/servizio a qualcuno ?"

Le risposte vengono catalogate in una scala di valori (da 1 a 10) che corrispondono alle seguenti categorie: - i promotori (quelli che hanno espresso un voto tra 9 e 10) - gli indifferenti o neutrali (voto 7 o 8). - i detrattori, (voto minore o uguale a 6).

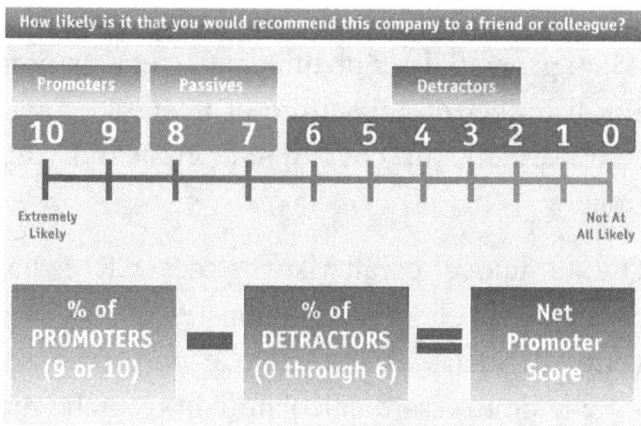

Figura 4 - Calcolo del Net Promoter Score

Dando per scontato che gli indifferenti non cambiano il valore del prodotto, sarà la differenza tra i promotori (quelli che credono nel prodotto/servizio) e i detrattori (quelli che parleranno male della del prodotto e dell'azienda) a darci un'idea del Net Promoter Score del business.

Ad esempio, se il 40% degli acquirenti è un promotore (ha votato 9 o 10), il 50% è indifferente (voto tra 7 e 8), e il 10% è un detrattore (voto tra 1 e 6), il punteggio NPS è +30 (40% - 10%).

Marketing non convenzionale

In uno scenario in cui oltre due terzi degli utenti Internet sono iscritti ad almeno un Social Network, di fatto i Social Media rappresentano uno dei principali canali di comunicazione e di gestione delle relazioni personali e lavorative.

D'altra parte, anche se stiamo parlando di marketing non convenzionale, non dobbiamo dimenticare l'approccio strategico, fondamentale per pianificare qualsiasi azione di marketing efficace, a partire dall'analisi di partenza e dagli obiettivi da raggiungere. La strategia, sia essa online oppure offline, ha principalmente come obiettivo quello di innescare, potenziare e orientare le conversazioni sui Social Media, il cui utilizzo può essere legato al monitoraggio e alla raccolta di feedback, per la creazione di un network fidelizzato di utenti o ancora per raggiungere delle nicchie di riferimento.

In generale quindi gli obiettivi primari di una strategia di marketing basata su social media saranno:

- Posizionamento del brand

- Analisi delle conversazioni per indirizzare la strategia stessa
- Favorire l'acquisto tramite lo sviluppo della fiducia
- Sviluppare community di riferimento e processi di fidelizzazione

Il processo globale che ne deriva non è lineare bensì circolare poiché i risultati e le conversazioni degli utenti possono modificare lo scenario continuamente e di conseguenza anche la strategia scelta.

In generale, una strategia di questo tipo si basa su forme di comunicazione che fanno leva sulle emozioni e tra i vantaggi vi è sicuramente il fattore economico. Un progetto di marketing non-convenzionale punta alla creazione di aspettative ancora prima del lancio del prodotto, o della campagna sul mercato e si rivolge a trendsetter e influencer affinché siano questi, in quanto molto attivi in Rete, a dare la prima scossa al processo di Word of Mouth (WOM).

Il marketing non-convenzionale è un tipo di comunicazione *narrowcasting*, che utilizza cioè gli strumenti di Internet (newsletter, blog, forum) che permettono di arrivare a fette di mercato di solito difficilmente raggiungibili con i media tradizionali.

Di seguito una panoramica delle tecniche di marketing non convenzionale più usate, sia offline sia online.

Guerrilla (offline): complesso di tecniche di comunicazione non convenzionali che mira a ottenere il massimo della visibilità con il minimo degli investimenti. Punto chiave di un'attività di guerrilla è l'effetto sorpresa e la possibilità di generare una propagazione virale grazie a immagini o video strategicamente diffusi in rete.

Figura 5 - Guerrilla Marketing

Ambient (offline): consiste nell'adoperare l'ambiente fisico come mezzo di comunicazione per veicolare messaggi di brand o prodotti, in contesti alternativi, in cui vi è un basso affollamento di messaggi pubblicitari.

La fascia di target da intercettare è presente in determinati luoghi solo in certi momenti della giornata ed è lì che il marketing coglie di sorpresa il target, quando è rilassato e senza predisposizione alla ricezione di una comunicazione commerciale.

Figura 6 - Ambient Marketing

Experience (offline e online): il marketing esperienziale rivolge la sua attenzione al cliente e a migliorare, se non a rendere unica, quella che è la sua esperienza di fruizione o di consumo del prodotto o servizio.

Questa diversa prospettiva è motivata dall'aver notato che il caricare di promesse l'anticipazione di consumo (attraverso la pubblicità) e il momento dell'acquisto (attraverso il punto vendita) porta spesso a una delusione nel momento in cui il cliente entra in relazione con il prodotto o il servizio.

Come hanno dimostrato numerosi studi, l'attività di consumo è in grado di arrecare piacere ma anche di provocare insoddisfazione, lamentele e delusioni, queste ultime soprattutto nel caso di beni durevoli.

Ecco perché ha senso cercare di capire e analizzare il tipo di relazioni e contatti che si instaurano tra un prodotto, un marchio, un'azienda e chi si relaziona con questi.

Figura 7 - Experiential Marketing

Tribal (offline e online): il marketing tribale è una strategia di marketing volta a creare una comunità intorno a un prodotto o a un servizio che si intende promuovere. Questa strategia si misura con il bisogno da parte dei consumatori di ristabilire un legame sociale arcaico e comunitario in seno a raggruppamenti che hanno l'aspetto di tribù.

L'obiettivo non è tanto stabilire un legame personale con il cliente, quanto mantenere il legame fra i clienti stessi, creare un valore di legame nel marchio o nel prodotto, fare leva sulla ricerca di autenticità dei consumatori, puntare sull'attenzione ai gesti quotidiani e ai dettagli.

Soddisfare le esigenze di un cliente attraverso un prodotto non è più sufficiente e il consumatore post moderno è alla ricerca di un mondo nel quale riconoscersi, esprime un forte bisogno emozionale di riunirsi in comunità che sorgono attorno al prodotto. Questo senso di appartenenza e l'esigenza di riconoscersi attraverso un brand hanno alzato il livello di aspettative dei consumatori ed è così che alcune aziende hanno introdotto il concetto di community e tribal marketing.

Questo metodo permette all'azienda di ascoltare la voce di chi utilizza il prodotto, identificando i suoi bisogni, individuali e materiali, condivide emozioni, individua incertezze, costruisce legami emotivi attraverso il bisogno di autenticità da parte del consumatore.

Infine, è chiaro che tra i requisiti principali ci deve essere un prodotto eccellente, con una propria personalità e/o caratteristiche di qualità riconosciute. Ducati è l'esempio più famoso e riuscito di marketing tribale: il sito ufficiale ha più di 7 milioni di visitatori unici all'anno e oltre 10 milioni di pagine visualizzate al mese, è uno dei siti motociclistici più frequentati al mondo.

Figura 08 - Tribal Marketing

Viral (online): il marketing virale identifica prodotti o campagne che abbiano in sé la propensione a diffondersi spontaneamente fra le persone come virus.

Il concetto fondamentale che distingue il marketing virale da quello tradizionale è che l'idea-virus si diffonda inizialmente grazie a una nicchia di persone, solitamente influenzatori, per poi essere propagata maggiormente grazie a Internet. Le comunicazioni elettroniche e i social network facilitano e amplificano lo scambio delle informazioni in tempi brevissimi.

Comprendere fino in fondo le dinamiche alla base dei vari social network permette di realizzare efficaci strategie di marketing allo scopo di diffondere informazioni in maniera virale.

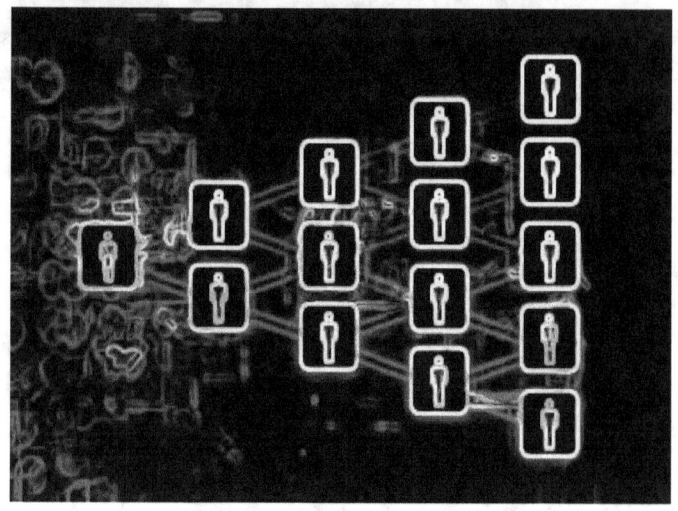

Figura 9 - Viral Marketing

Buzz (online e offline): il buzz, letteralmente ronzio, è un tipo di passaparola che avviene ad altissima frequenza come effetto di una buona campagna di marketing.

Il buzz marketing indica un set di attività di marketing online e offline, volte ad alimentare le conversazioni delle persone attorno alla marca e alle sue attività di comunicazione.

Figura 10 - Buzz Marketing

Strumenti e Tecniche del Marketing Digitale

Email Marketing

Nonostante quello che si pensi, anche nell'era di Facebook e Twitter, ha ancora molto senso parlare di Email Marketing poiché le email restano comunque un efficiente strumento di comunicazione con una storia che precede addirittura lo stesso WEB (Ray Tomlinson nel 1972 installò su ARPANET il primo servizio di web-mail).

Secondo il documento "Email Statistics Report, 2011-2015", uno studio del Radicati Group che delinea le linee guida dello sviluppo dei servizi di web-mail, avevamo oltre tre miliardi di account mail nel 2011, con una media di 105 messaggi scambiati al giorno per ogni indirizzo: le previsioni invece prevedono che nel 2015 gli indirizzi di posta elettronica saranno oltre 4 miliardi e i messaggi giornalieri 125 e proprio lo sviluppo dei social network sta diventando un volano per la moltiplicazione degli account anche se spesso si preferisce utilizzare un indirizzo diverso da quello che si usa di solito.

Per avere una raffigurazione plastica del fenomeno, basta comparare il numero di account - tre miliardi e centoquattro mila - con gli utenti di internet nel mondo che si fermano a un miliardo e novecentomila. L'uso delle mail sembra interessare in maggioranza un'utenza "old", non ancora del tutto immersa nel flusso comunicativo generato dai social network, i cui utenti spesso utilizzano i servizi di messaggistica dei vari Twitter e Facebook anche per rispondere a una mail ricevuta.

L'ampia diffusione è senz'altro legata all'estrema semplicità di utilizzo e al fatto di essere uno standard aperto e multipiattaforma, che ha reso l'email anche l'applicazione più diffusa su smartphone e tablet: inoltre la maggior parte degli utenti lascia sempre la propria mail e non altri recapiti quando si relaziona con il marketer.

Secondo lo studio Nielsen (Email Consumption Levels by Segment, 2009) l'uso dell'email è strettamente correlato all'utilizzo dei Social Media: infatti gli utenti che trascorrono più tempo sui Social Network sono gli stessi che dedicano più tempo alla gestione delle mail mostrando un'alta correlazione positiva.

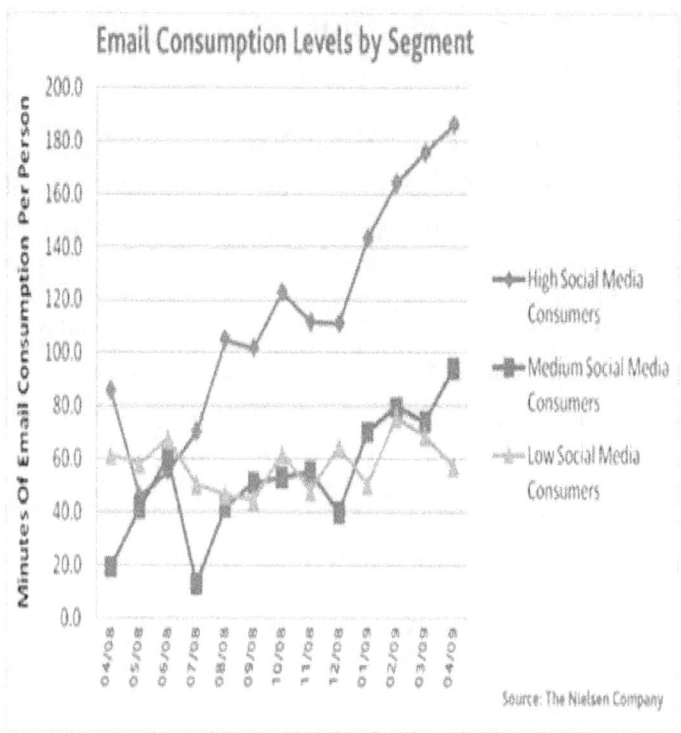

Figura 1 - Correlazione positiva tra uso di email e Social Network

Secondo un altro studio effettuato dall'agenzia di marketing E-Dialog nel 2010, l'email rappresenta anche il driver principale con cui l'utente viene indirizzato all'uso dei social network.

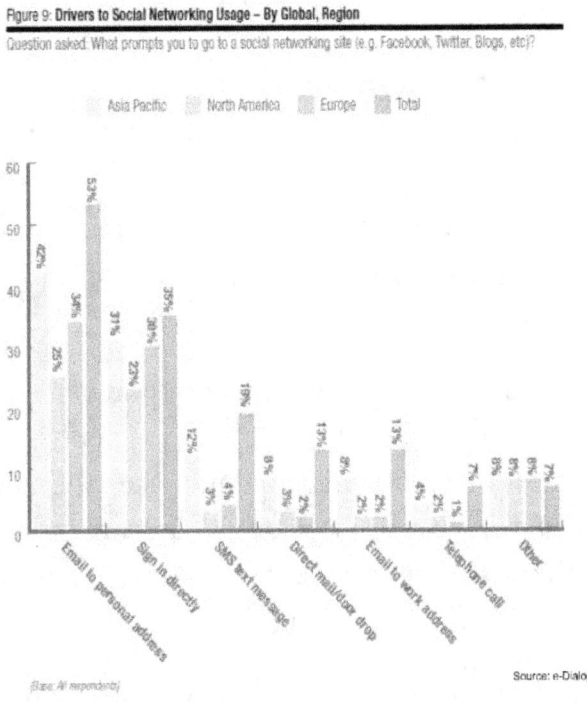

Figura 2 - Driver principali verso l'uso dei Social Network

Di contro, l'intrinseca economicità di questo mezzo ha portato fin dai primi anni a un vero e proprio abuso e ormai le caselle di posta sono sommerse da messaggi di ogni genere, rendendo la vita difficile ai marketer che intendono sfruttare questa tecnica di marketing.

L'email, in realtà, rappresenta uno strumento straordinario per la profilazione dei destinatari, dato che offre molteplici opportunità di raccolta dati, per esempio:

- In fase di registrazione
- Tramite sondaggi o questionari inviati via email
- Analizzando lo storico delle aperture dei clic
- In fase di disiscrizione, tramite un sondaggio di addio

Inoltre, è uno strumento potente nel poter registrare ogni clic effettuato e invio dopo invio si può adattare la comunicazione in base alle preferenze dell'utente. Essere in grado di mandare un messaggio focalizzato sulle aspettative del destinatario permette di avere i seguenti vantaggi:

- Aumentare la fiducia del destinatario
- Aumentare i tassi di apertura e clic
- Mantenere un database di qualità

L'email è anche un gran alleato all'interno di una strategia social media: infatti da una parte può spostare l'attenzione sui contenuti social e aumentare la viralizzazione e dall'altra i Social Network possono essere usati per ottenere iscrizioni a newsletter, basandosi su un'elevata profilazione dei destinatari.

Email e social media possono essere sinergici in due modi. Il primo è di rendere facilmente condivisibile il contenuto email sui Social Network inserendo le icone social con un link appositamente costruito per la versione WEB del messaggio. Il secondo modo riguarda invece l'inserimento di contenuti social, ad esempio come un commento di un cliente sulla pagina Facebook del prodotto, all'interno del messaggio email.

A livello generale si può dividere l'Email Marketing in tre varianti principali:

- Direct Email Marketing (DEM): è focalizzato sulla vendita e sulle conversioni, è rappresentato dalle email pubblicitarie
- Newsletter: tenta di instaurare una relazione e un dialogo continuo con i propri contatti, e consiste nell'invio periodico di comunicazioni con una struttura definita
- Email Transazionali: tutte le email che escono dall'azienda vengono sfruttate in chiave marketing partendo dalle notifiche, gli avvisi di fuori sede, fino ad arrivare addirittura alle firme a piè di pagina dei dipendenti

Newsletter

La base per instaurare un servizio di newsletter è sicuramente l'individuazione di un elenco di indirizzi e-mail a cui spedire e spesso questo è uno scoglio difficile da superare senza fare una ricerca all'esterno dell'azienda, ricorrendo a elenchi pubblici o all'acquisto di elenchi di indirizzi email già profilati.

Si possono seguire tre strade:

- Acquistare elenchi categorici
- Creare un proprio elenco
- Usare indirizzi harvested (raccolti su internet)

Acquistare degli elenchi categorici, di solito segmentati per settore e area geografica, è un'attività legale, ma una volta effettuato l'acquisto occorre, secondo la normativa, informare ogni destinatario dell'inizio del trattamento dei dati, fornendo l'informativa completa e la possibilità di cancellarsi.

Inoltre bisogna richiedere il consenso al trattamento dei dati con finalità commerciali e il destinatario deve darlo esplicitamente, compiendo un'azione di *opt-in*, di solito tramite un clic.

Quindi è chiaro che, dopo l'acquisto dell'elenco, ci si aspetta una notevole riduzione del numero di indirizzi a causa dell'opt-in, ma alla fine si avrà un insieme di indirizzi di valore, che sono pronti a instaurare una relazione con l'azienda.

Di contro non va dimenticato che nella prima fase di invio non sollecitato e indiscriminato di informativa sono stati raggiunti destinatari che spesso si ritrovano in questi elenchi a loro insaputa. Questo potrebbe portare a problemi di riconoscimento della newsletter di fronte ai server di posta e al conseguente inserimento della newsletter nella casella spam.

Se si vuole invece costruire un proprio elenco il punto di partenza è sicuramente rappresentato dagli elenchi interni all'azienda: rubriche interne, rubriche commerciali, rubriche dei fornitori, biglietti da visita, software gestionali, contatti riferiti a fiere etc.

In secondo luogo, bisogna attivare e rendere molto visibili in ogni pagina del sito i moduli per la registrazione alla newsletter, orientando tutta la comunicazione aziendale in questo senso, usando anche email transazionali. L'elenco così costruito sarà forse numericamente inferiore a quello acquistato, ma superiore qualitativamente.

I tre aspetti critici che riguardano la fase di registrazione e che permettono di creare un elenco di valore qualitativo

Verifica dell'indirizzo: tramite la tecnica del *Confirmed Opt-In* (*COI*), viene inviata un'email al nuovo iscritto in cui si richiede di confermare l'autenticità della richiesta tramite un clic

- Riconoscibilità: è bene farsi riconoscere al meglio e descrivere al destinatario il motivo

per cui deve lasciare i dati personali
- Profilazione: la fase di registrazione può essere sfruttata per popolare ulteriormente il data base con informazioni aggiuntive che possono essere richieste al destinatario. Secondo questa profilazione si può, già in fase di attivazione.

Infine, se si vuole utilizzare indirizzi email harvested, ovvero recuperati su Internet da qualunque fonte, bisogna essere coscienti che ci si espone a tre rischi.

Il primo è di violare la normativa sulla Privacy, dato che l'indirizzo email rientra nei dati personali e quindi è soggetto al D.lgs 196/03 sul Trattamento dei Dati Personali.

Il secondo è che si rischia di intercettare delle spam trap, ovvero indirizzi trappola per spammer che non sono per definizione individuabili facilmente: questo può portare al balcklisting e quindi alla compromissione della reputazione dei server di posta aziendali.

Il terzo rischio è quello relativo all'immagine aziendale: infatti, se ci si presenta nella casella del destinatario come uno spammer che raccoglie indirizzi email in modo illegale questo non potrà che nuocere all'immagine dell'azienda.

Direct Email Marketing

L'azienda che ricorre al DEM ricerca un risultato immediato, misurabile quasi da subito. L'azienda contatta un fornitore esterno che possiede un database di utenti che hanno già rilasciato il consenso all'invio di informative pubblicitarie: il fornitore stesso si farà carico di inviare il messaggio dell'azienda ai propri indirizzi, dopo averli estratti dal database sulla base di un'adeguata profilazione.

Di solito in questi casi il pagamento avviene su base *CPM* (Costo per mille), che rappresenta il costo per inviare una DEM a 1000 destinatari. Una volta perfezionato l'invio, verrà fornito un report statistico sul il numero di messaggi aperti e il numero di clic effettuati.

Attualmente si sta diffondendo anche il modello di pagamento a performance, secondo il quale non si paga in base al CPM ma in base al *CPL* (*Cost per Lead*), cioè al numero di conversioni generate dall'invio. In questo caso il rischio è tutto ribaltato sul fornitore e l'azienda non dovrà più preoccuparsi del numero di invii o della profilazione, dovendo pagare solamente per i risultati ottenuti.

Ovviamente ci sarà una stretta collaborazione tra il fornitore e il marketer per definire la strategia complessiva, dalla creazione del messaggio al progetto della *landing page*. Nei casi più complessi si arriva a definire un'ulteriore parametro di misurazione, il *CPS* (*Cost per Sale*), secondo il quale il fornitore verrà pagato solo in base al fatturato generato.

In generale, per ottenere risultati migliori, si può agire su tre differenti fattori:

- Tecnica di invio
- Mittente e oggetto
- Messaggio

Per quanto riguarda il primo caso, l'obiettivo fondamentale è ovviamente recapitare il messaggio nella inbox ed evitare di essere classificati come spam, cosa non scontata. Data la composizione del database è necessario effettuare dei test di recapito sui domini più diffusi come Hotmail e Gmail e sui client più diffusi come Outlook e Lotus Notes e non vanno trascurati i sistemi di filtraggio spam come Barracuda e Norton Antispam.

Se la inbox è stata raggiunta, allora l'obiettivo successivo è quello di essere riconosciuti e successivamente aperti. Per ottenere ciò, il mittente deve essere riconoscibile e ricordabile dal destinatario e si dovrebbe evitare di cambiarlo, cercando di non legarlo a persone fisiche bensì al nome dell'impresa o al prodotto stesso.

L'oggetto invece risulta un elemento fondamentale per l'apertura: da evitare oggetti troppo generici e l'ideale è un oggetto che possa richiamare una certa utilità per chi lo legge e che possa anticipare il più possibile il contenuto del messaggio. Anche la sintesi è fondamentale, dato che i client di posta generalmente limitano la visualizzazione dell'oggetto ai primi 20 o 30 caratteri.

L'ultimo fattore importante è il messaggio, che in prima battuta deve essere facilmente leggibile, cosa non del tutto scontata. Per prima cosa bisogna testare il rendering del messaggio nella versione con immagini bloccate su i principali client in modo tale da strutturare una email in grado di comunicare il messaggio principale anche senza immagini, con la sola versione testuale.

Gran parte dei client, inoltre, permettono di visualizzare un'anteprima del messaggio verticale o orizzontale e quindi nei primi 200/250 pixel della testata vanno concentrate le informazioni più importanti in modo tale da stimolare l'apertura completa.

Infine, è fondamentale mantenere la fiducia del nostro lettore nel lungo periodo e quindi non focalizzarsi solamente sull'invio di messaggi pubblicitari ma anche su contenuti di utilità per il lettore: d'altra parte, però, l'invio di messaggi rilevanti è possibile solo se si conosce il profilo dei destinatari

Email Transazionali

Una volta raggiunto un buon grado di profilazione, è possibile attivare meccanismi automatici di invio col duplice scopo di offrire servizi utili al destinatario e sfruttare questi invii per veicolare opportunità commerciali.

Per esempio gli auguri di compleanno sono un automatismo facilmente implementabile e molto diffuso. Oppure per esempio un'azienda di assicurazioni potrebbe notificare la scadenza della copertura assicurativa e contestualmente proporre un nuovo prodotto.

O ancora, come si vede dall'immagine seguente, si propongono altri prodotti contestualmente alla conferma di acquisto di un altro prodotto.

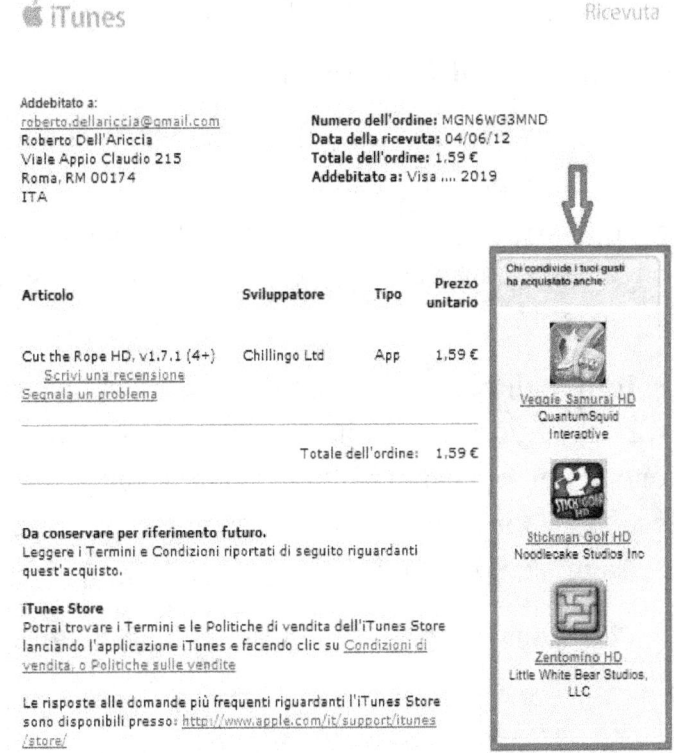

Figura 3 - Esempio di email transazionale

Gli strumenti di invio più evoluti permettono di estendere queste comunicazioni su più canali di comunicazione, ottenendo un sistema automatico e multicanale secondo cui, a seconda delle preferenze del cliente, si invieranno le comunicazioni anche su sms, posta tradizionale etc.

I messaggi automatici, che rientrano nelle email transazionali, presentano di solito tassi di apertura e di clic doppi rispetto alle newsletter tradizionali.

Analisi dei risultati di invio

L'email è sicuramente avvantaggiata rispetto agli altri media perché, tramite un ampio ventaglio di report statistici, permette di avere non solo dati precisi in real time, ma anche di associare i dati al singolo destinatario.

E' quindi possibile avere l'elenco di chi ha aperto un messaggio e di chi ha cliccato su un dato link e dunque aggiornare di volta in volta le preferenze dei destinatari in modo tale da inviare col tempo messaggi sempre più mirati.

Per l'analisi si fa di solito riferimento a tre indicatori:

- *Tasso di recapito*: se il tasso di recapito, che è dato dal rapporto tra mail inviate e mail recapitate, è basso la lista risulta sporca: analizzando il tipo di errori occorsi è possibile risalire alle cause e in questo modo adottare delle correzioni.
- *Tasso di apertura*: il tasso di apertura, che è dato dal rapporto tra mail aperte e mail recapitate, è ricavato attraverso il conteggio di un'immagine trasparente associata al destinatario e viene di solito corretto mediante

modelli statistici per tenere in considerazione anche quegli utenti che leggono i messaggi senza scaricare le immagini.

- *CTR* (*Click Through Rate*): viene misurato come clic totali registrati sul totale delle email recapitate. Valori usuali sono compresi tra l'1% e il 4% e per incrementarlo, a parità di aperture, bisogna lavorare sul contenuto.

Search Marketing

Questo ramo del marketing digitale ha come obiettivo primario la gestione e l'incremento della visibilità di un dato sito all'interno dei motori di ricerca, in particolare nelle pagine dei risultati delle ricerche effettuate dagli utenti: il suo rapido sviluppo si deve alla diffusione dei motori di ricerca e all'efficacia degli strumenti a disposizione.

Dunque con il Search Marketing viene invertito il sistema alla base del marketing tradizionale secondo il quale ci si indirizzava verso gruppi ampi ed eterogenei con budget elevati. Il Search Marketing invece offre un *targeting* contestuale con cui un annuncio viene calato in un contesto di contenuti coerenti con il tema dell'annuncio: dunque prodotti, servizi e offerte verranno offerti all'utente proprio nel momento in cui li sta cercando passando da una logica *push* a una logica *pull*.

Inoltre, cosa fondamentale, nel processo di ricerca è l'utente stesso che porta alla luce i propri interessi e intenzioni di acquisto e tanto più l'annuncio sarà correlato alla ricerca maggiore sarà l'efficacia della campagna di marketing.

Si possono definire quattro principali fattori di successo del Search Marketing:

1. **Alta profilazione**

L'individuazione del target di riferimento si realizza nel Search Marketing tramite un'opportuna scelta delle parole chiave e questo può realizzarsi solamente calandosi nei panni dell'utente effettuando ricerche e individuando combinazioni di parole che riconducono al prodotto o al servizio o al brand.

Di solito chiavi di ricerca specifiche hanno solitamente un tasso di conversione più alto rispetto a chiavi generiche poiché nel primo caso l'utente è già in una fase avanzata di ricerca e si potrebbe massimizzare la conversione dell'obiettivo.

2. **Alta misurabilità del ROI**

A disposizione dei marketer ci sono strumenti in grado di calcolare il ritorno sugli investimenti effettuati con molta precisione come le piattaforme di Web Analytics e di Pay per Clic (PPC) che presentano il budget di partenza e le conversioni ottenute.

3. Contenuti costi iniziali

L'elevata scalabilità di questo strumento permette di ottenere ottimi risultati con bassi costi iniziali. Questo permette anche di avviare campagne pilota (da 100 euro al giorno massimo) per misurare l'efficacia del set di parole chiave e dei testi degli annunci in modo tale da massimizzare il ROI della campagna vera e propria (da 1000 euro al giorno in su).

A questi costi si aggiungono quelli relativi agli studi preliminari, le ricerche di parole chiave e analisi dei dati.

4. Ampia audience

Il Search Marketing, con i suoi costi contenuti, dà la possibilità di raggiungere mercati e clienti remoti altrimenti irraggiungibili con il marketing tradizionale: in questo modo molte piccole aziende hanno esteso il proprio giro di affari in tempi rapidi e con costi contenuti.

Per esempio nel settore turistico un proprietario di un complesso di 3-4 villette in Sardegna non avrebbe problemi a raggiungere il mercato dei paesi emergenti del BRIC tramite il Search Marketing mentre una campagna tradizionale sarebbe probabilmente incompatibile con la dimensione del business.

A livello generale ci sono due varianti principali

del Search Marketing:

- Search Engine Marketing (SEM): all'inizio indicava in senso più esteso tutte le iniziative di marketing legate ai motori di ricerca, mentre oggi ha acquisito l'accezione di insieme di attività legate al PPC, gli annunci sponsorizzati nei motori di ricerca
- Search Engine Optimization (SEO): individua l'insieme di attività volte al posizionamento organico, cioè a ottimizzare le performance dei siti nei risultati dei motori di ricerca

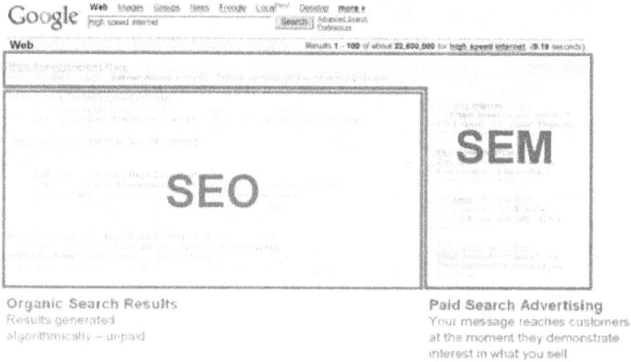

Figura 4 - Esempio di Search Engine Result Page (SERP)

Di solito l'attività SEO è legata a strategie di medio periodo mentre l'attività SEM si propone di raggiungere risultati contestualmente all'avvio della campagna: infatti di solito l'attività di PPC viene intensificata all'inizio di una campagna SEO per compensare i lenti risultati provenienti dal posizionamento organico.

Dunque la differenza principale risiede nella tipologia di investimento e in una strategia a medio-lungo periodo il SEO risulta vantaggioso mentre il SEM è di solito più conveniente nel breve: per la massimizzazione del ROI sarà necessaria una giusta ripartizione budget tra SEO e SEM.

Ad ogni modo, l'obiettivo primario di SEO e SEM è il posizionamento nelle primissime posizioni della prima pa

Addirittura, sono stati fatti studi di *eye tracking* che hanno portato alla definizione del famoso triangolo d'oro, una porzione della pagina dei risultati che ha la maggior probabilità di essere letta dall'utente.

Nell'immagine seguente i risultati dello studio Enquiro del 2005.

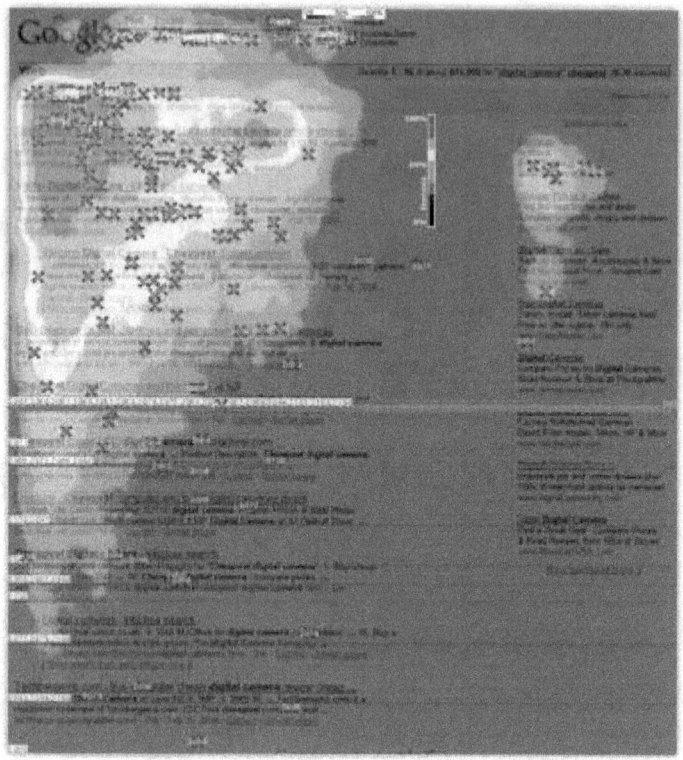

Figura 5 - SERP Heat Map dello studio eye tracking di Enquiro

Infine, si possono riassumere pro e contro di SEO e SEM nelle seguenti tabelle.

VANTAGGI	
SEO	SEM
Migliore predispozione da parte degli utenti	Posizionamento veloce

Maggior numero di visite potenziali	Visibilità immediata
Il posizionamento dura e migliora col tempo	Primi risultati dopo pochi minuti
Le molteplici keyword creano svariati accessi al sito	Possibilità di figurare anche su termini singoli o molto popolari
Primi risultati dopo 2-6 mesi	Si pagano solamente le visite effettivamente generate

Tabella 0.1 - SEO vs SEM, vantaggi

SVANTAGGI	
SEO	SEM
• Risultati nulli nel breve periodo • Nessun controllo sui risultati • Inaccessibilità ad alcune parole chiave • Difficoltà del calcolo del ROI a priori • Continuo aggiornamento degli algoritmi	• Richiede alto know-how per grandi investimenti • Aumento numero inserzionisti • Aumento CPC • Alti costi nel lungo periodo • Si pagano solamente le visite effettivamente

• Possibile traffico non in target	generate

Tabella 0.2 - SEO vs SEM, svantaggi

Search Engine Marketing (SEM)

Il SEM, anche detto PPC o keyword advertising, permette al marketer di pubblicare annunci sotto forma di risultati sponsorizzati sui motori di ricerca, che vengono mostrati ogni volta che un utente ricerca una parola chiave acquistata dall'inserzionista, anche detto *publisher*: è un'attività relativamente giovane e in rapida evoluzione, nata casualmente nel 1996 con Yahoo! mentre oggi il leader indiscusso è Google.

Gli annunci vengono mostrati nella parte alta dei risultati o nella parte sinistra della pagina secondo criteri di posizionamento bene definiti: alla base dell'algoritmo che definisce i risultati in cui deve apparire l'annuncio e il relativo posizionamento c'è un sistema di *bidding* secondo il quale lo stesso marketer acquista traffico qualificato sulla base di parole chiave selezionate.

Secondo questo sistema di aste, maggiore sarà le richiesta di una data parola chiave, più alto sarà il costo da sborsare per ottenere visibilità e il marketer baserà l'acquisto di parole chiave non solo in base a dati volume ma anche in base al potenziale profitto rispetto al proprio business.

L'algoritmo di posizionamento tiene in conto vari fattori come il tasso di clic dell'annuncio, il budget speso e il punteggio di qualità e dunque non basta fare l'offerta più alta per garantirsi un buon posizionamento ma i migliori risultati si ottengono con una buona ottimizzazione.

Infatti, i motori di ricerca che offrono programmi di keyword advertising mettono a disposizione dei pannelli di controllo con cui il marketer può:

- Effettuare ricerche e analisi sulle parole chiave
- Selezionare le parole chiave
- Acquistare parole chiave
- Redigere gli annunci
- Impostare budget e conversioni
- Monitorare la campagna

Di seguito verranno descritte i seguenti elementi fondamentali di una campagna online:

- Analisi e definizione degli obiettivi
- Analisi delle keyword
- Scrittura degli annunci
- Progettazione della Landing Page
- Monitoraggio
- Ottimizzazione

Analisi e definizione degli obiettivi

Mediante l'analisi si dovrà definire in prima battuta se investire in know-how interno o esternalizzare questo tipo di attività. Dopo aver stanziato il budget bisogna valutare come distribuirlo nel tempo e definire opportune metriche per misurarne il grado di successo.

Per quanto riguarda la scelta delle metriche si può utilizzare il costo per conversione, identificabile per esempio come prenotazioni effettuate o richieste di informazioni.

Poiché il costo per conversione rappresenta il limite massimo di budget per l'acquisizione di un cliente, un costo di conversione basso rimane l'obiettivo primario di un buon SEM.

Analisi delle keyword

L'individuazione della lista di parole chiave è realizzabile grazie agli evoluti strumenti messi a disposizione dai provider. Ad esempio con Google AdWords sono sufficienti due parole chiave per ottenere una lunga lista di suggerimenti di parole chiave con relativi volumi di ricerca e costi.

Google AdWords permette di utilizzare quattro opzioni di corrispondenza delle parole chiave che individuano altrettanti approcci con l'utente, ovvero corrispondenza *generica*, a *frase*, *esatta* e *inversa*.

Scrittura degli annunci

Il cuore della campagna sono gli annunci, contenuti testuali con frasi persuasive aventi lo scopo di attirare l'attenzione dell'utente e di convertire una *impression* in un clic, che tramuterà l'utente in visitatore. La redazione è un'operazione semplice, ma data la sua centralità, è bene prestare la dovuta attenzione a questa fase.

Per esempio, un annuncio pubblicato su Google deve occupare al massimo quattro righe con i seguenti vincoli: una per il titolo (25 caratteri max), due per il testo (70 caratteri max), una per l'url di visualizzazione (35 caratteri max).

Progettazione della Landing Page

Al fine di ottenere conversioni, una buona landing page è fondamentale e spesso è necessario crearne una *ad hoc*. Per campagne legate a brand awareness oppure ad aziende monoprodotto non è necessario creare landing page ad hoc, ma sono sufficienti quelle del sito aziendale.

Di solito sono pagine interne al sito che presentano caratteristiche precise finalizzate a massimizzare la probabilità di conversione, come:

- Testo persuasivo e coerente con l'annuncio e le keyword
- Layout che porti facilmente a un'azione
- Form di contatto e richiesta informazioni

Monitoraggio

La misura delle performance, anche su base quotidiana, permette al marketer di correggere errori e di ottimizzare la strategia in corso d'opera: questa possibilità di correzione a campagna avviata è uno dei grandi vantaggi vincenti rispetto al marketing tradizionale.

Le attività di Search Advertising possono essere misurate tramite le seguenti metriche:

- **CPM**: costo per migliaia di visitatori, il primo metodo e ancora il più comune
- **CTR**: click-through rate, misura il numero di volte che un annuncio viene cliccato come percentuale delle visite della pagina web in cui l'annuncio appare
- **CPA**: costo per azione, quantifica i costi per il completamento di una determinata attività
- **CPC**: costo per clic, monitora il costo di interazione con un cliente

Ottimizzazione

Appena partita la campagna parte la fase di ottimizzazione, volta a migliorare la situazione in presenza di *quality score* basso: questo parametro è funzione della percentuale di clic ricevuti dall'annuncio, la pertinenza dello stesso con le keyword e la qualità delle pagine di destinazione.

Se questo punteggio è basso occorre modificare il titolo e/o il testo o trovare un puntamento a una pagina più coerente con le keyword o il contenuto dell'annuncio

Search Engine Optimization (SEO)

Il SEO racchiude un insieme di attività come operazioni sul codice delle pagine, copywriting, scrittura dei testi, analisi dei dati di accesso, ricerche di parole chiave con il fine di incanalare traffico qualificato verso le pagine del sito attraverso la conquista delle prime posizioni dei motori di ricerca.

Tutto ciò è possibile conoscendo i meccanismi alla base degli algoritmi di ricerca, anche se ciò non è possibile con esattezza: al contrario, però, le fasi del processo di indicizzazione dei documenti sono noti e abbastanza uniformi per tutti i motori di ricerca.

Il processo di indicizzazione può essere suddiviso in tre fasi principali:

Crawling

Riguarda la scansione dei documenti ad opera di uno spider o bot o crawler, ovvero un apposito programma che monitora la rete, salva i documenti e raccoglie informazioni sulle pagine web.

Il passaggio da un documento a un altro avviene tramite i link contenuti nel documento stesso: per questo un documento non linkato da nessun altro e nemmeno segnalato manualmente, difficilmente sarà trovato dallo spider e quindi indicizzato. Dunque grazie a questo processo il motore di ricerca alimenta in modo automatico i propri indici e rimane aggiornato.

Indexing

I dati raccolti dallo spider non sono subito disponibili per le ricerche, ma devono essere indicizzati, ovvero catalogati dal motore di ricerca.

Ranking

Una volta catalogati, i risultati raccolti vengono analizzati e valutati tramite algoritmi non divulgati.

Questi algoritmi di ranking sono in continua evoluzione e definiscono la qualità di una risorsa in base a fattori quali: calcolo dei link in ingresso (qualità e quantità), presenza di parole chiave in particolari punti, ricorrenza delle parole chiave, struttura del sito, anzianità del sito, prestazioni del server.

Dunque una buona strategia SEO permetterà all'utente finale di trovare il nostro sito nei primi risultati offerti dal motore e quindi, già prima di creare un sito web, è opportuno avere un buon piano SEO per assicurare al sito una corretta e performante indicizzazione sui motori di ricerca.

Affiliate Marketing

Il *Performance Based Marketing* si può classificare come un insieme di iniziative per generare risultati concreti e misurabili sui quali applicare dei costi: in poche parole l'advertiser paga dei risultati definiti a priori. Dunque siamo di fronte a un marketing che inverte i paradigmi classici: infatti una parte del rischio di investimento in spazi pubblicitari si sposta su chi è demandato a vendere gli stessi e non sui tradizionali compratori o utilizzatori.

Il PBM è un settore rilevante dell'advertising online, che cresce di anno in anno e si contano attualmente circa 200000 affiliati editori e circa 5000 inserzionisti.

L'Affiliate Marketing, di fatto ormai sinonimo di Performance Based Marketing, si basa essenzialmente su delle relazioni, in cui un advertiser o merchant cerca di portare utenti sul proprio sito grazie alla pubblicità presente sui canali online gestiti dai suoi *publisher* o appunto *affiliati*.

Un affiliato propone pubblicità sul proprio sito, tramite display marketing o text link, e se un consumatore che visita il sito clicca e prosegue la visita del sito dell'advertiser fino a eseguire una determinata azione, allora si ottiene il risultato voluto: l'advertiser vende il prodotto e il publisher ottiene una commissione predefinita.

La storia di questo tipo di marketing risale a Jeff Bezos, fondatore di Amazon, che nel 1996 ha creato il suo sistema di affiliazione proprietario. Successivamente, sono nati altri player come Zanox, fondata a Berlino nel 2000 da Thomas Hessler, Heiko Rauch e Jens Hewald.

Volendo sintetizzare, una piattaforma di Affiliate Marketing gestisce non solo relazioni ma anche transazioni, e operazioni di vario genere come:

Real Time Tracking

- Candidatura e accettazione degli affiliati
- Controllo attività degli affiliati
- Validazione dei risultati
- Gestione delle commissioni
- Gestione dei pagamenti

- Fornitura di tool di online marketing
- Fornitura degli admedia

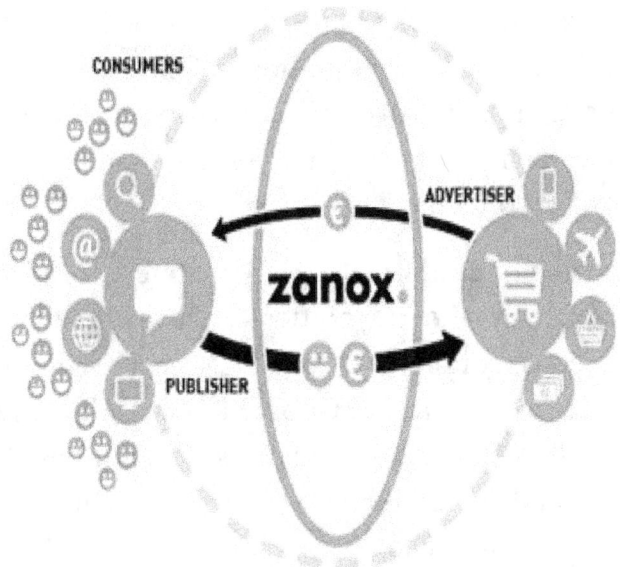

Figura 6 - Esempio di modello Affiliate Marketing di Zanox

Il ruolo dell'Advertiser

Dal lato dell'advertiser, l'affiliate marketing permette di gestire attraverso un unico interlocutore tutti i canali di Web Advertising, canali attivabili in tempi brevi e con un rischio finanziario limitato, grazie al modello performance based: alla partenza della campagna di affiliazione vengono definite delle policy in merito all'attivazione dei vari canali, secondo le quali un advertiser può scegliere se escludere uno più publisher.

Può anche capitare che vi siano in essere delle partnership dirette che l'advertiser intende mantenere: a parte questo caso, di solito l'affiliazione ingloba tutti i canali perché offre all'advertiser il vantaggio di interfacciarsi con un unico interlocutore, risparmiando tempo.

In alcuni casi, risulta più profittevole affidarsi all'affiliate marketing piuttosto che avere relazioni dirette con l'editore. Nel caso SEM, per esempio, è il publisher a investire su Google su base CPC mentre viene remunerato dal merchant solo sulla base delle vendite andate a buon fine: il suo profitto deriva quindi dal fatto che l'investimento in CPC risulta inferiore ai ricavi generati dalle commissioni.

Inoltre, questo tipo di marketing garantisce all'advertiser un elevato ROI, per il fatto che è possibile stabilire a priori quale sarà l'incidenza dei costi sul fatturato generato: di qui l'importanza fondamentale della strategia di definizione delle commissioni.

Alla partenza del programma, infatti, l'advertiser si trova in concorrenza con gli altri merchant, ed essendo il traffico a disposizione del publisher limitato, quest'ultimo favorirà inevitabilmente il programma che offre commissioni più alte.

Alla base del sistema di commissioni c'è il sistema di tracking del network di affiliazione, che monitora le azioni del publisher, dell'utente e del merchant.

Se per esempio l'azione da remunerare, e quindi da tracciare, è la vendita, il merchant implementerà delle righe di codice nella pagina di conferma di acquisto: grazie a questo codice, se al momento dell'azione viene riconosciuto un cookie del network di affiliazione sul computer dell'utente, allora la transazione viene tracciata.

Un cookie può avere una durata di 30 giorni dal momento del clic, e quindi se l'utente effettuerà un acquisto sul sito dell'advertiser entro 30 giorni, la commissione sarà riconosciuta al publisher.

Può anche accadere che nei successivi 30 giorni vengano rilasciati sul PC dell'utente altri cookie sempre relativi allo stesso merchant. In questo caso, il tracciamento dipende dalla funzione di *deduplica*, presente o meno nel sistema di tracking, che assegna ciascun ordine a ciascun canale.

Quindi in assenza di deduplica, verrebbe riconosciuta una remunerazione al network di affiliazione anche se il cookie più recente è un cookie preveniente da SEM diretto: al contrario, in presenza di deduplica, viene riconosciuto il canale a cui corrisponde l'ultimo cookie rilasciato sul PC dell'utente e solo a questo viene associata la vendita.

Il ruolo del Publisher

I publisher sono essenzialmente aziende, gruppi o singoli che promuovono gli advertiser tramite vari canali online: essi si differenziano proprio in base ai canali utilizzati e alla dimensione.

I canali principali con cui i publisher cercano di aggiudicarsi le commissioni sono:

- **Display Marketing**: è la forma più diffusa, e si basa su portali di contenuto e informazioni o siti di nicchia. I mezzi pubblicitari sono soprattutto i banner e i reach media.
- **Price comparison**: per settori come il retail e il travel rappresentano un elemento ormai irrinunciabile. Sono siti sofisticati che comparano i prezzi dei prodotti. L'advertiser integra in questi siti il proprio catalogo con la necessità di aggiornamenti di quantità e prezzi nel tempo
- **SEM diretto e indiretto**: in questo caso il publisher si occupa di keyword advertising. Nel caso diretto, all'affiliato è permessa una promozione con redirect al sito web del merchant e il publisher diventa un'importante partner dell'advertiser con una collaborazione che si estende anche alla scelta delle keyword.

Nel caso indiretto, invece, non esiste il redirect e quindi c'è la necessita di costruire delle pagine intermedie o minisiti di comparazione e approfondimenti tematici
- **Incentivized offer**: il publisher crea dei siti dove l'utente trova particolari incentivazioni come codici sconto con cui ottenere una riduzione di prezzo immediata. Queste iniziative, in cui rientra anche l'email marketing, sono volte alla costruzione di community fidelizzate verso l'e-commerce.
- **Social Network**: ovviamente i Social Network sono rientrati subito tra i canali funzionali alla generazione di performance, dato il crescente tempo speso da parte degli utenti su Facebook, Twitter etc.

Mobile Marketing

Il Mobile marketing è un nuovo termine che identifica il marketing diretto ai telefonini, ai palmari e ai notebook.

Con la crescente popolarità della telefonia mobile, il Mobile marketing potrebbe imporsi come uno dei metodi di marketing diretto più efficaci e ad alta crescita.

Il termine Mobile marketing è diventato abbastanza popolare fin dalla nascita dei servizi SMS agli inizi degli anni 2000 in Europa e in alcune parti dell'Asia quando alcune aziende hanno iniziato a raccogliere i numeri dei telefonini e a inviare contenuti promozionali.

Il Mobile marketing via SMS, dopo aver ricevuto l'attenzione dei media, è stato limitato in molte parti d'Europa in quanto visto come una nuova forma di pubblicità non voluta che ha sollevato le proteste dei consumatori.

Ciononostante il Mobile marketing via SMS è ancora la branca più diffusa dell'industria del mobile marketing con centinaia di milioni di SMS inviati ogni mese nella sola Europa.

Per le aziende le possibilità sono molteplici e il mobile marketing può essere utilizzato per la fidelizzazione dei clienti e le possibilità d'integrazione con altri mezzi (TV, Internet, ma anche la carta stampata), ne può amplificare gli effetti.

La tecnologia UMTS apre nuove frontiere e prospettive all'uso del cellulare: dalle prime chiamate in mobilità agli SMS della prima generazione GSM si è passati alle video chiamate e servizi multimediali completi.

Il cellulare si è trasformato sempre di più in uno strumento elettronico complesso: può funzionare per la comunicazione scritta, per l'accesso a Internet, come portafoglio virtuale, come agenda elettronica e con molti altri usi ancora, sempre più legati, per esempio, all'intrattenimento.

Rimane evidente, però, che il maggior beneficio può arrivare proprio in termini di comunicazione: il cellulare, infatti, rimane soprattutto uno strumento di comunicazione e in questo modo può essere sfruttato.

Cercando di disegnare uno scenario plausibile del futuro dei servizi di mobile marketing, allora, possiamo pensare a pubblicità mirate, in arrivo esclusivamente al nostro passaggio in una certa zona, magari a una certa ora, alla diffusione di veri spot pubblicitari via cellulare.

Pur non disdegnando il mercato B2B, il Mobile Marketing risulta particolarmente efficace in ambito B2C: i luoghi social sono infatti per lo più frequentati da persone fisiche che scambiano informazioni tra di loro su eventi, locali, prodotti e servizi a uso personale o di gruppo.

Le persone hanno sempre cercato su Internet e, appena la tecnologia lo ha reso possibile, hanno cominciato a farlo anche sul proprio cellulare: infatti il cellulare è tuttora il mezzo tecnologico più comodo in assoluto che può essere trasportato facilmente anche in tasca, al contrario dei tablet. Oltre a *cercare*, l'utente può anche *scoprire* e l'obiettivo di ogni azienda è sicuramente farsi trovare facilmente da chi cerca.

La differenza più importante rispetto a cercare sul PC è la possibilità di geolocalizzare le ricerche tramite l'informazione di cella o ancora meglio tramite GPS, ormai presente su tutti gli smartphone. Tutto ciò è facilitato dalla presenza di applicazioni sviluppate ad hoc come *Near me now* di Google.

D'altra parte il Mobile Marketing deve fare anche i conti con degli svantaggi insiti nella tecnologia che ne diminuiscono il successo:

- Display piccoli: nonostante siano disponibili sul mercato smartphone con schermo OLED, tuttora la maggioranza dei device più diffusi sono quelli di vecchia generazione con schermi piccoli

- Disagio di utilizzo: tastiere piccole portano al problema spesso classificato come fat finger problem. Per ovviare a questo problema si tende a far digitare l'utente il meno possibile, tramite utilizzo di ricerche vocali, sistema T9, suggerimenti lessicali, QR Code etc.

- Bassa velocità di download: questo è uno dei fattori che spesso compromette la fruizione delle informazioni di un sito mobile o l'uso di una applicazione. La diffusione delle reti 4G dovrebbe mitigare questo problema.

- Non ottimizzazione dei siti: il mobile web è relativamente giovane e solo pochi siti sono ottimizzati per il mobile. I CMS più diffusi offrono plug-in per ottimizzare quasi automaticamente il sito originario per la versione mobile ma i risultati non sempre sono buoni. Un'altra via percorribile è quella dello sviluppo di una APP invece di un sito mobile, e nella tabella seguente si mostrano vantaggi e svantaggi relativi a questa decisione.

APP	SITO MOBILE
Elementi interattivi	Contenuto standard con testo e immagini
Accesso a GPS	Ricerche semplici
Cache di password e dati	Ampio bacino di utenza
Branding	Elevata compatibilità
Time to market maggiore	Basso time to market

Costo: fino a 100K	Costo: fino a 15K

Tabella 0.3 - Comparazione tra APP e sito mobile

Social Media Analytics

Nell'era dei così detti Big Data, in cui si contano 800 milioni di utenti Facebook che producono in media 90 contenuti al mese, 490 milioni di utenti Youtube che caricano in 60 giorni contenuti in media 3 volte superiore a quello generato dalle TV in decenni di trasmissioni, il problema principale è che l'analisi di questi fenomeni viene effettuata ancora ricorrendo a vecchie pratiche come ricerche di mercato, benchmarking etc.

Questo forse è dovuto al paradosso secondo cui Internet è il medium più misurabile in assoluto, ma l'assenza di metriche valide ha finora disorientato la maggior parte dei marketer online.

Anche le metriche del WEB non sono più adatte al WEB 2.0, e si può affermare che:

1. Quando il WEB era ancora concepito come un giornale, la metrica prediletta era la misurazione del numero di pagine viste: questa però non tiene in conto il tempo di fruizione, parametro molto più importante oggi

2. La misurazione del clic non dà più una idea della qualità dell'esperienza dell'utente mentre un modello basato su eventi sarebbe auspicabile
3. Le interazioni soggetto-oggetto e dunque le metriche basate sul *conversion rate* vanno di fatto sostituite con interazioni soggetto-soggetto, proprie dei social media, basate sul concetto di metriche *conversation rate*

Inoltre, per monitorare un ambiente sociale, non è più sufficiente il classico modello impulsivo nel quale le attività sono relegate in istanti di tempo predefiniti, ma si deve ricorrere a un modello continuo, in cui il tempo è scandito dagli utenti stessi.

Lovett (2011) ha indicato 4 tipologie di metriche per comporre un set completo per la misurazione dei social media, che viene analizzato di seguito nelle prossime sezioni.

Counting Metrics

In questa categoria rientrano le metriche di base specifiche per ogni Social Network. Esse hanno un difetto insito perché possono cambiare col tempo e spesso inaspettatamente, a discrezione del Social Network. Recentemente Facebook, per esempio, ha aggiunto per le fan page la misurazione delle persone che ne parlano accanto al numero di fan. Nella tabella seguente si riportano esempi di metriche dipendenti dalla piattaforma.

Piattaforma	Counting Metrics
Blog	Visite Visitatori unici Pagine viste Tempo di permanenza Citazioni da altri blog Commenti Condivisioni sui Social Media
Twitter	Follower Menzioni Liste in cui si è inseriti Tweet preferiti da altri
Facebook	Like o Fun People Talking About Engaged user Reach Impression Virality
Google+	Follower Condivisioni +1 attributi
YouTube	Iscritti Visualizzazioni del canale Visualizzazioni sul singolo video Like Commenti
Foursquare	Follower

| | Check-in |
| | Suggerimenti seguiti |

Tabella 0.1 - Esempi di Counting Metrics

Business Oriented Metrics

Di solito, chi gestisce il marketing e le relazioni sui social media utilizza metriche che poco si sposano con le esigenze di controllo e pianificazione del top management e degli altri reparti aziendali in generale.

Di qui il bisogno di fornire metriche *business oriented* perfettamente comprensibili, gestibili e interpretabili da tutte le funzioni aziendali.

Se ne possono definire tre:

- **Impatto sul fatturato**: determinare l'impatto sul fatturato delle attività social si rende possibile soltanto attraverso una preventiva progettazione. Infatti il modo più semplice è avere delle attività legate indissolubilmente al risultato della vendita. Ad esempio creare una pagina attraverso la quale vendere il prodotto escludendo tutti gli altri canali di vendita.
- **Impatto sulla soddisfazione**: oggi è possibile misurare la soddisfazione degli utenti raggiunti tramite social media mediante azioni social o monitorando le interazioni generate o ancora sottoponendo agli utenti che hanno contattato

il customer care tramite canale online di compilare un questionario
- **Market share**: la misura delle attività sui social media offre la possibilità per quantificare il vantaggio competitivo

Foundational Metrics

La caratteristica fondamentale di questo tipo di metriche è il fatto di essere trasversali e applicabili anche in altri rami del marketing e dunque possono essere utilizzate anche per benchmarking.

Se ne possono definire cinque:

- **Interaction**: è una misura del numero di risposte ottenute con determinati stimoli, e può riferirsi indifferentemente a commenti in un blog, condivisione di link su Social Network o ancora alla compilazione di un form.

- **Engagement**: è una misura dell'attenzione e della partecipazione dell'utente. E' misurata in percentuale ed è possibile prevedere pesi da attribuire a comportamenti diversi, come un like o un commento.

- **Influence**: indica il potere di un individuo di influenzare le azioni di altri

- **Advocacy**: è una misura della capacità del brand di indurre alcuni utenti a generare spontaneamente il passa parola o a prendere difesa dell'azienda. Uno degli esempi più eclatanti di advocay è Apple.

- **Impact**: misura l'abilità di un individuo/gruppo di determinare il risultato desiderato di un'attività

Performance metrics

Le metriche di performance risultato utili perché permettono, in qualsiasi momento, di comprendere il grado di approssimazione a un obiettivo prefissato: nelle seguenti sezioni sono analizzati diversi KPI, sono stati raggruppati in 6 categorie principali.

Incremento della visibilità

La visibilità è un obiettivo da sempre perseguito dal marketing, anche da quello classico: guadagnarla vuol dire far in modo che il numero di persone a conoscenza di un prodotto o di un evento aumenti, ma questo presuppone di aver già misurato la grandezza nell'istante iniziale.

Di fatto misurare la visibilità sui social media diventa difficile a causa della persistenza: infatti il fattore tempo diventa facile da misurare per una campagna convenzionale ad esempio televisiva, quando sono noti istanti iniziale e finale della messa in onda. Al contrario, sui social media, ogni attività ha una durata più lunga di quella di esecuzione della campagna.

Il primo KPI che può essere utile per misurare la visibilità è il **reach**, che misura il pubblico, in termini di utenti unici, che è stato esposto a un certo messaggio: Twitter e Facebook, ad esempio, offrono programmi di analisi che permettono il calcolo automatico del reach. Ad ogni modo, gli elementi da tenere in considerazione per il calcolo del reach sono il tipo di piattaforma e il tipo di azione. Di seguito viene mostrata una formula per calcolare il reach di un post su un blog che viene condiviso sui Social Network:

$$R = V_u + \sum_{i=1}^{n} S_i w_i$$

Dove:

- V_u = visitatori unici del post su un blog
- S_i = numero di condivisioni del post sul social network i-esimo
- w_i = peso associato al social network i-esimo, pari al numero medio di amici
- n = numero di social network considerati

Un altro KPI che rientra in questa categoria è lo **share of voice**, che misura il volume di citazioni di un brand rispetto a quelle totali dei brand concorrenti. Può essere espresso in termini percentuali, riferito al singolo social network e a un dato periodo.

Una formula possibile è la seguente:

$$S = \sum_{i}^{n} S_i$$

E' evidente che lo share totale è la somma degli share su tutti gli *n* Social Network considerati, dove il singolo share è dato da:

$$S_i = \frac{B_i}{M_i}$$

Con:

- B_i = menzioni del brand in esame sul social network i-esimo
- M_i = menzioni totali sul Social Network i-esimo:

$$M_i = B_i + \sum_{j=1}^{m} C_j$$

Dove C_j è il numero di menzioni associate al j-esimo degli *m* competitor considerati

Incentivazione del dialogo

Un KPI fondamentale per dare un'idea della capacità di coinvolgimento di un'iniziativa specifica, in un determinato intervallo di tempo, è quello dell'**engagement**, che assume anche maggior valore se confrontato con iniziative simili dei competitor o proprie svolte nel passato.

La formula è la seguente:

$$E = \frac{commenti + condivisioni + citazioni\ da\ blog}{visualizzazioni\ totali}$$

Una volta calcolato l'engagement, possiamo calcolare l'**ampiezza delle conversazioni**, che misura il numero dei visitatori unici esposti a uno specifico contenuto moltiplicato per il livello di engagement.

$$A = Reach \times Engagement$$

Questo KPI può essere molto utile in fase di monitoraggio per osservare il livello di conversazioni che avvengono nel tempo intorno a parole chiave e creare alert in caso di superamento di una soglia prefissata.

Incremento delle interazioni

La capacità dell'azienda di smuovere gli utenti,

soprattutto quelli più passivi, e portarli a rispondere a una determinata *call to action* è fondamentale per aumentare i ricavi e anche in questo caso è importante darne una valutazione il più possibile quantitativa.

Il **tasso di interazione** misura il numero totale di utenti unici che hanno manifestato interesse rispetto alla *call to action* e che hanno iniziato il processo rispetto al totale degli utenti sottoposti alla *call to action*.

$$R_I = \frac{utenti\ che\ hanno\ iniziato\ il\ processo}{utenti\ esposti\ alla\ cta}$$

L'altro KPI riguardante l'interazione, e ancora più importante, è il **tasso di conversione**, che misura il numero di utenti che hanno portato a termine il processo rispetto al totale:

$$R_C = \frac{utenti\ che\ hanno\ terminato\ il\ processo}{utenti\ esposti\ alla\ cta}$$

Facilitazione del supporto

Uno degli obiettivi primari delle aziende del WEB 2.0 è quello agevolare l'assistenza al cliente con strumenti di monitoraggio che rendono abbastanza semplice la rilevazione di lamentele e richieste.

Il KPI più intuitivo da usare è il **tasso di risoluzione dei problemi**, dato dai casi risolti con successo rispetto al totale dei problemi evidenziati.

$$R_P = \frac{problemi\ risolti}{problemi\ proposti}$$

Un altro KPI che si può usare è il **tasso di mancata risposta** alle domande sollevate dagli utenti sui social network, dove si aspettano risposte anche in tempi brevi.

$$R_D = \frac{domande\ senza\ risposta}{domande\ totali}$$

Infine abbiamo KPI quali **NPS** e **TSCV** che sono già stati discussi nella sezione dedicata al Social CRM.

Promozione dell'advocacy

L'ambizione di ogni azienda è di trasformare ogni cliente in un fiero e spontaneo sostenitore dei prodotti/servizi offerti: in questo consiste l'advocacy, che deve essere promossa e misurata dall'azienda.

Questo tipo di misurazione risulta non facile in generale se si vuole darne un valore quantitativo comparabile e gestibile senza l'impiego di tecniche mirate.

La misurazione quindi è possibile solo se l'azienda ha creato iniziative volte a individuare e sviluppare relazioni con i clienti che hanno maggior passione e fedeltà nei confronti del brand.

Nel caso di queste iniziative si può misurare il **tasso di attività**, dato dal rapporto tra membri attivi nel programma e i membri totali partecipanti.

$$R_A = \frac{membri\ attivi\ nel\ programma}{partecipanti\ al\ programma}$$

Per misurare il grado di attività dei membri del programma si farà ricorso alla misurazione della loro presenza tramite parametri già visti come like, post, commenti etc.

Questo parametro è anche utile per la pianificazione delle campagne: infatti, tenendolo sotto osservazione, è possibile misurare lo stato di salute delle iniziative e magari individuare periodi dell'anno in cui è necessario lanciare iniziative di questo tipo per stimolare l'attivismo.

Stimolo dell'innovazione

Le aziende possono far ricorso al crowdsourcing per migliorare i propri prodotti/servizi: il crowdsourcing (da crowd, folla, e outsourcing, esternalizzare una parte delle proprie attività) è un modello di business nel quale un'azienda o un'istituzione affida la progettazione, la realizzazione o lo sviluppo di un progetto, oggetto o idea ad un insieme indefinito di persone non organizzate in una comunità preesistenti. Questo processo viene favorito dagli strumenti che mette a disposizione il WEB e viene reso disponibile, in open call, attraverso dei portali presenti sulla rete internet.

Lo stimolo dell'innovazione può essere raggiunto già ponendosi in ascolto sui vari social media oppure lanciando iniziative per incoraggiare gli utenti a proporre nuove idee, come ad esempio ha fatto il Mulino Bianco con *Nel Mulino che vorrei*.

In questo modo, con iniziative mirate, si possono calcolare facilmente due KPI quantitativi, gestibili e confrontabili.

Figura 1 - Iniziativa di stimolo dell'innovazione (Mulino Bianco)

Il primo è **l'indice delle idee interessanti**, definito come il rapporto tra idee pertinenti e il totale delle idee.

$$I_I = \frac{idee\ pertinenti}{idee\ pervenute}$$

Il secondo, invece, è l'**indice di impatto delle idee**, dato dal rapporto tra idee più condivise e apprezzate (anche non pertinenti) e il totale delle idee pervenute.

$$I_A = \frac{idee\ più\ apprezzate}{idee\ pervenute}$$

È chiaro che in caso di assenza di un programma di reclutamento di nuove idee, sarebbe molto più difficile definire KPI comparabili, e si dovrebbe ricorrere esclusivamente all'ascolto delle conversazioni in rete.

Questo, come già rimarcato, sarebbe uno svantaggio perché le informazioni non sarebbero gestibili all'interno dell'azienda, soprattutto a livelli gerarchici alti.

Casi di studio

Cisco: la presenza aziendale sui Social Media

Nel 1984 nasceva Cisco Systems. La compagnia ha ora più di 65000 dipendenti e circa 6,49 miliardi di dollari di entrate nette (fonte Wikipedia). Per mantenere e se possibile migliorare l'immagine del corporate brand nel mondo e le prestazioni aziendali, il management Cisco ha deciso di investire tempo e denaro nella gestione di attività di comunicazione e marketing sui social media.

Navigando nel sito aziendale si scopre subito che c'è una pagina dedicata esclusivamente alla presenza di Cisco sui social media.

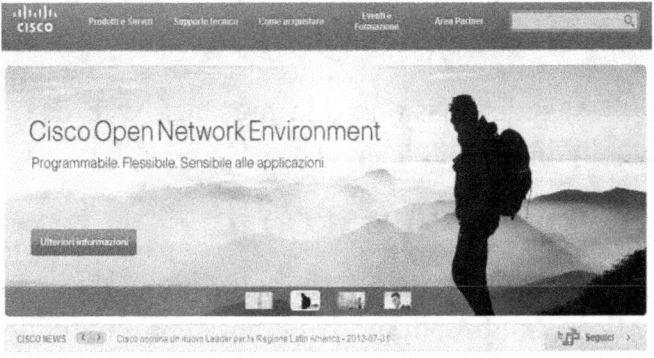

Figura 1 - Pagina iniziale del sito Cisco con link alla pagina social

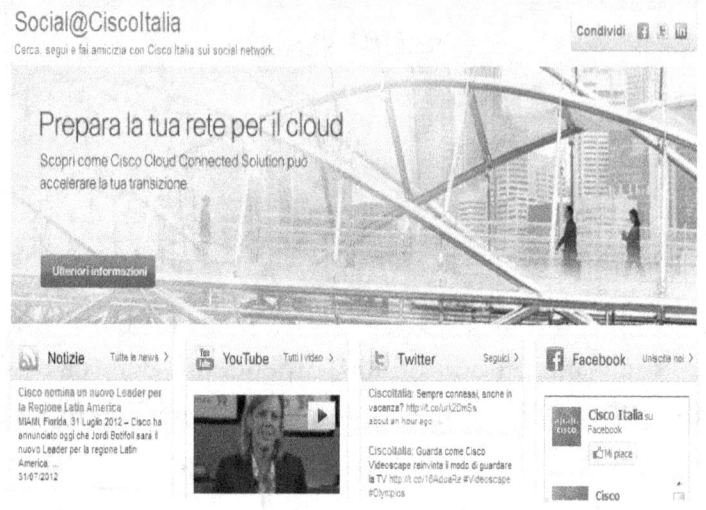

Figura 2 - Pagina social del sito Cisco

Tramite un link sulla pagina principale si raggiunge la pagina dedicata ai social media, dove, oltre al link al blog ufficiale, vi sono link ai social media dove Cisco è presente: Facebook, Twitter, Youtube, LinkedIn (non presente nell'immagine per motivi di spazio).

Possiamo riassumere la presenza web di CISCO principalmente su 5 canali.

CORPORATE NEWSROOM

Si presenta con le connotazioni di un blog, la grafica è molto curata e coerente con quella del sito aziendale. La *newsroom* presenta in tempo reale le notizie sull'azienda da tutte le sedi mondiali ed è perfettamente integrata sia con il sito web (poiché rimanda alle pagine relative a portafoglio prodotti, e-commerce, formazione, rete di partner e rivenditori) che con i principali social network su cui l'azienda è attiva.

Figura 3 - Newsroom del sito Cisco

TWITTER

L'account @ciscosystems viene aggiornato in media ogni 5-6 ore con novità, decisioni aziendali e notizie worldwide. Inoltre nei dettagli sono stati inclusi i link alla newsroom e alla pagina social media del sito.

Da notare che ci sono altri account Twitter con cui

Cisco è registrata, specifici per alcuni prodotti come @cisco_security e @cisco_mobility.

Figura 4 - Account Twitter di Cisco

FACEBOOK

La pagina è sempre aggiornata e curata. Lo staff coinvolge gli utenti sia attraverso un approccio dialogico alla comunicazione sia attraverso premi e competizioni. Da evidenziare anche il link verso la pagina blogs di Cisco.

Figura 5 - Pagina Facebook di Cisco

FLICKR

Figura 6 - Account Flickr di Cisco

Il *photostream* Flickr di Cisco ha più di 50 pagine: una collezione di immagini e foto relative alle persone chiave della compagnia, ai prodotti offerti, alle statistiche di mercato, agli eventi organizzati.

YOUTUBE

Anche in questo caso la quantità di materiale caricato è importante: più di 800 video, con un numero enorme di visualizzazioni. Sono presenti i link agli altri social media e un esplicito invito a partecipare alla conversazione online.

Figura 7 - Pagina Youtube di Cisco

Da segnalare anche un video con più di 3 milioni di visualizzazioni sul futuro dello shopping e su come la tecnologia può migliorare l'esperienza di acquisto.

Figura 8 - Il video di Cisco sul futuro dello shopping

BLOGS

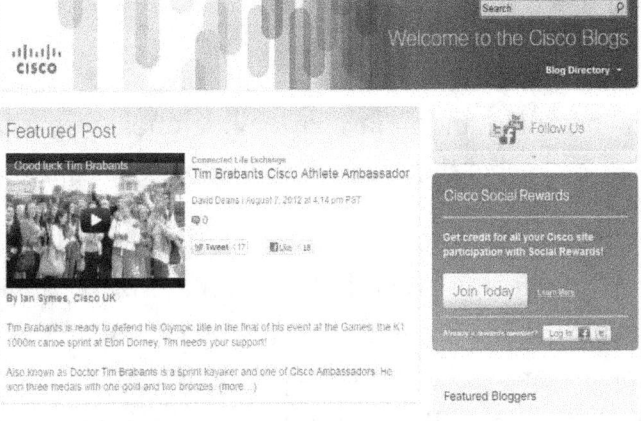

Figura 9 - Cisco Blogs

Cisco ha ideato una pagina apposita per i blog aziendali, in cui vengono catalogati per settore di business o per geografia innumerevoli blog (più di 30 categorie)

Nell'immagine precedente possiamo notare sulla destra un interessante link *Cisco Social Rewards*.

In sostanza Cisco tenta di classificare gli utenti in base al loro grado di partecipazione, ottenendo i seguenti obiettivi:

- Classificando gli utenti individua gli opinion leader con cui poi dialogare per aumentare il passaparola e da monitorare per avere feedback
- Dando livelli di reputazione cerca di aumentare l'advocacy degli utenti
- Con la registrazione diventa semplice il calcolo del tasso di attività analizzato nel precedente capitolo
- Aumentando la partecipazione, stimola la conversazione e il conseguente passaparola

Cisco è un caso virtuoso di utilizzo aziendale dei social media: grazie infatti a trasparenza e dialogo, Cisco riesce a creare un elevato engagement dei propri utenti che molto probabilmente influisce positivamente sulle performance economiche della compagnia.

Figura 10 - Social Rewards di Cisco

Ormai, l'attività social è per Cisco parte integrante dell'attività di marketing, tanto è vero che parte del budget destinato ai media classici sono stati riallocati sui social media, che tengono alto l'engagement con i clienti in continuazione.

Inoltre Cisco conduce ormai sessioni di Q&A online con il CEO e il CTO che rispondono via Twitter a più di 1 milione di follower.

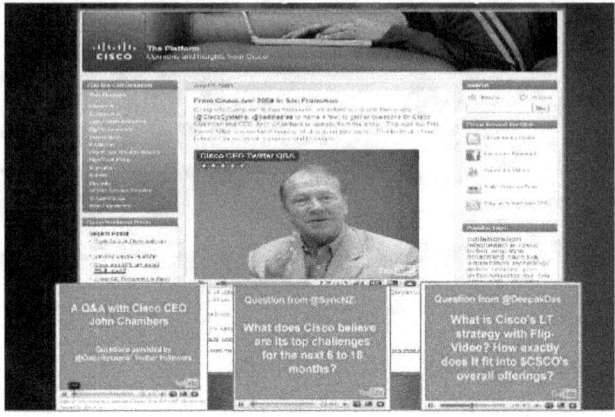

Figura 11 - Sessione online Q&A di Cisco

Naturalmente, la grande esperienza e il *know how* aziendale riguardo al mondo internet hanno sicuramente un ruolo importante nel determinare il successo di questa strategia.

Ma c'è di più: l'azienda ha anche definito una netta divisione dei ruoli e delle mansioni di social media management. In particolare:

- Il team dedicato alla comunicazione sui social media ha il compito di gestire contenuti e strategie specifiche, attivate sui diversi canali corporate.
- Il gruppo dedicato alle attività di social media marketing si occupa dell'integrazione tra le varie attività sui diversi mezzi, le analisi sul consumatore e quelle di online brand management.

Il caso Cisco è ricco di stimoli e insegnamenti per una corretta presenza aziendale sui social media. In particolare, il messaggio principale che può essere colto è che i social media utilizzati in azienda vanno sempre integrati tra loro: l'utente deve poter seguire e apprezzare su tutte le piattaforme social su cui è attivo. Inoltre, se non vengono integrati tra loro contenuti e strumenti si rischia di ripetere più volte un concetto o di tralasciare argomenti importanti, non dando visibilità allo sforzo profuso.

Facebook Offers: sfruttare gli strumenti avanzati dei Social Network

In questo caso di studio si vogliono analizzare pro e contro della nuova funzione Offerte, che da poco ha arricchito il set di strumenti di marketing a disposizione sul social network Facebook, presto disponibile per tutte le fanpage.

Si tratta in sostanza di un nuovo servizio di social shopping, per il momento ancora sperimentale, che consente alle aziende proprietarie di una fanpage di pubblicare offerte e sconti esclusivi per i propri fan. In questo modo si punta, da un lato, ad aumentare l'interazione e l'attaccamento dei fan nei confronti della fanpage, e, dall'altro, a fornire contenuti interessanti e stimolanti che possano conquistare nuovi like e check-in.

Una funzione molto interessante, dunque, che se gestita nel modo giusto può assicurare un engagement molto elevato e una notevole viralità grazie al passaparola generato dalle offerte. Per il momento Facebook annuncia che questa funzionalità è disponibile soltanto in un numero di paesi limitato e per determinate tipologie di fanpage, generalmente quelle che hanno investito molto in Facebook Ads o che hanno un numero di fan altissimo

Dunque ci si attende presto l'arrivo di questa nuova funzione per tutte le fanpage, indipendentemente dal numero di like o dall'area geografica

Figura 12 - Offers, il nuovo strumento marketing di Facebook

Il meccanismo è molto semplice e in pochi semplici passi è possibile arrivare alla pubblicazione dell'offerta. Le caratteristiche principali su cui si può modellare l'offerta sono:

- un titolo accattivante per la vostra offerta, che catturi l'attenzione, e che non sia lungo più di 90 caratteri.
- una data di scadenza dell'offerta
- un'immagine di 90 x 90 pixel che renda immediatamente riconoscibile l'offerta in formato miniatura
- una descrizione di massimo 900 caratteri dei termini e delle condizioni dell'offerta

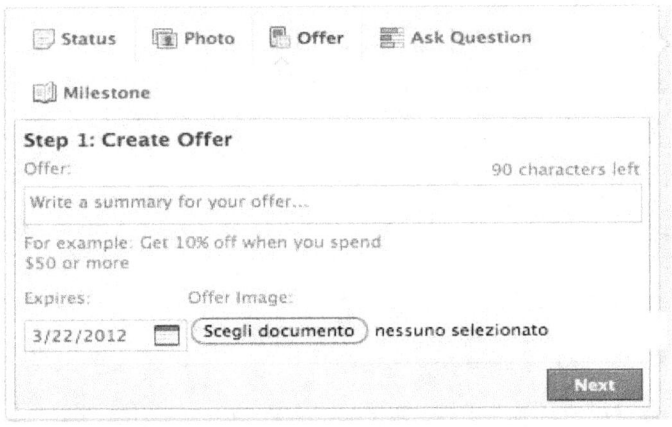

Figura 13 - Facebook Offers: creazione dell'offerta

Di seguito si analizzeranno casi relativi ad aziende che per prime hanno saputo sfruttare questo nuovo strumento di social media marketing.

Best Western Italia

Il primo caso apparso in Italia di Offerte lanciate su Facebook è quello di Best Western, che ha pubblicato un'offerta per tutti i Facebook fans, riguardante un soggiorno estivo in Francia a soli 69 euro a camera.

L'offerta si presentava con un titolo immediato, di facile comprensione, che stimola certamente all'azione; un'immagine facilmente interpretabile, termini e condizioni brevi e concisi.

Una volta aderito all'offerta, appare un messaggio: "Ti abbiamo inviato un'e-mail. Portala a BW Italia e mostrala al personale per utilizzare la tua offerta entro il 25 marzo 2012".

Figura 14 - Offerta Best Western su Facebook Offers

I numeri principali del successo dell'iniziativa sono:

- 683 persone hanno richiesto questa offerta, con più di 400 adesioni entro 5 ore dall'inizio dell'offerta (inviandosi automaticamente

l'offerta sulla mail associata all'account Facebook, e presentando la stessa al momento della prenotazione del viaggio)
- 106 persone hanno cliccato "mi piace" su questo elemento
- 92 condivisioni dell'offerta effettuate dagli utenti sulle proprie bacheche, con un effetto virale assicurato

TotalErg

La prima offerta pubblicata da TotalErg permetteva di vincere doppi punti per i primi sei rifornimenti effettuati con la carta digitale (carta sulla quale è fondata tutta la comunicazione che l'azienda ha deciso di veicolare tramite la fanpage).

Anche qui l'offerta era dotata di un'immagine immediata ed evocativa, un titolo completo e sintetico e una call-to-action nel finale (*"Cogli l'offerta"*).

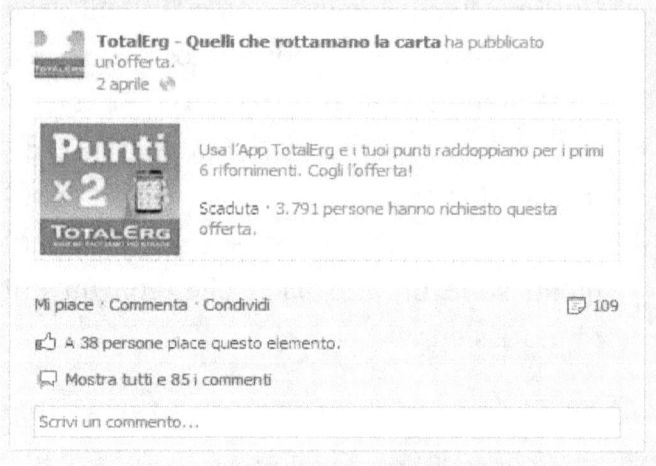

Figura 15 - Offerta TotalErg su Facebook Offers

I numeri principali del successo dell'iniziativa sono:

- 3791 persone hanno richiesto l'offerta via mail
- 109 persone hanno condiviso il post sulla propria bacheca, producendo un'ottima viralità
- il post ha generato inoltre 85 commenti e 38 like in pochissime ore

Fastweb

Fastweb ha lanciato un'offerta che proponeva 3 mesi di Internet Mobile a 1 euro per tablet o chiavetta. Anche qui è presente la call-to-action nel titolo dell'offerta ("*Prova ora!*").

In questo caso però l'immagine non è del tutto

autoesplicativa, e necessita di leggere bene titolo e termini dell'offerta per essere compresa.

Figura 16 - Offerta Fastweb su Facebook Offers

I numeri principali del successo dell'iniziativa sono:

- quasi 3000 adesioni
- quasi 200 condivisioni su profili privati
- quasi 250 commenti e quasi 80 like

Dunque, in conclusione, vediamo quali sono i vantaggi di questo tipo di iniziativa e chi ne beneficia. Facebook potrà aumentare esponenzialmente la frequenza di visite durante il tempo di connessione di ciascun utente, allargherà il target colpito con le proprie pagine e si presenterà quasi come un fedele alleato per gli acquisti degli utenti, guidandoli attraverso gli acquisti online.

Inoltre, guadagnerà anche su quelle aziende che decideranno di incrementare gli Ads nei periodi coperti dall'offerta per renderla più visibile.

Anche le fanpage aziendali ci guadagneranno, visti i tassi di successo molto elevati delle prime campagne, avendo come risultati l'aumento dell'engagement e della viralità dei propri post. Inoltre per il momento il servizio è gratuito; Facebook infatti non ha mai parlato di un eventuale costo da sostenere per sfruttare le Offers.

Infine, dopo tutto, ci guadagna anche l'utente finale, che in pochi click e con un minimo sforzo è in grado di partecipare a un'offerta che potrà comportargli uno sconto o una promozione speciale, monetizzando in qualche modo il like regalato alla pagina.

Di contro, parlando degli svantaggi, sarebbe più opportuno parlare di rischi: infatti occorre che le aziende, prima di partire con una campagna di questo tipo, si strutturino seriamente al loro interno in modo da sfruttare e gestire nel migliore dei modi questa opportunità

I punti vendita si devono configurare come veri ponti di collegamento tra realtà virtuale e spazio reale, organizzandosi per accogliere la scontistica prevista dall'offerta ed evitare l'improvvisazione, magari dettata dall'entusiasmo iniziale o dalla volontà di sperimentare una novità, che potrebbe risultare nella disaffezione e frustrazione del cliente se fatica nel conquistare l'offerta tanto desiderata.

I termini dell'offerta devono essere chiari e concisi e devono spiegare nel dettaglio le procedure di riscossione, per non generare centinaia di commenti degli utenti che richiedono chiarimenti e spiegazioni.

Occorre entrare nell'ottica che in quel momento preciso in cui il cliente entra in negozio con un coupon scaricato da Facebook, diventa un cliente speciale, un veicolo pubblicitario, un vero e proprio influencer da sfruttare e da monitorare.

American Express: social shopping tramite Foursquare

Recentemente American Express, la prima carta di credito per volumi di transazioni in USA, ha deciso di rafforzare la propria partnership con Foursquare, la più nota piattaforma di location sharing.

Dopo un iniziativa di test durante il South by Southwest Interactive Festival a marzo 2011, a dicembre ha rafforzato la relazione di business con

Foursquare ampliando opzioni e copertura per i propri clienti con sconti su vari rivenditori, come Sport Authority.

L'operazione è stata chiamata Sync, Unlock and Save, poiché una volta sincronizzata la propria carta di credito con il proprio account su Foursquare, è possibile scoprire nei dintorni promozioni e sconti speciali riservati ai possessori di carta American Express, senza necessità di scaricare coupon o di mostrare il telefono al negoziante in cassa.

Figura. 17 - Landing Page dell'iniziativa congiunta AMEX-Foursquare

In questo modo, utilizzando l'applicazione mobile di Foursquare, è possibile scoprire e approfittare di promozioni speciali esclusive eseguendo il check-in presso il negozio, ottenendo lo sconto come denaro direttamente stornato dalla propria carta di credito.

Questo è il vero punto di forza dell'iniziativa, un processo e un'esperienza di acquisto fluida e senza sforzo, senza bisogno di stampare o mostrare telefoni e si usano i touchpoint quotidiani dell'utente, via check-in di Foursquare, per ottenere premi e ricompense da American Express.

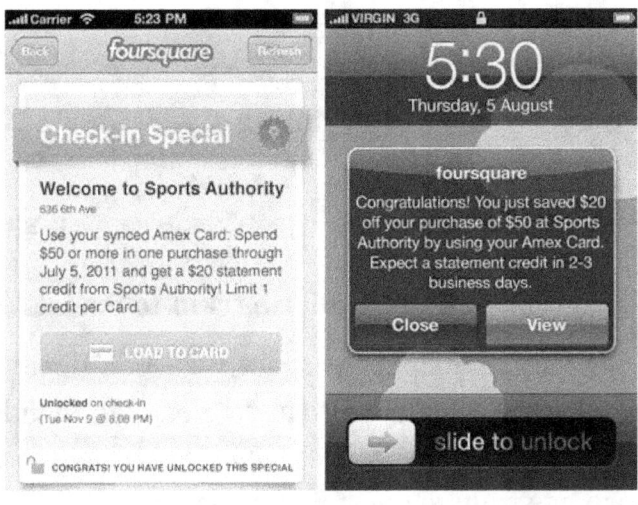

Figura 18 - Promozione "Spend $50, get $20 back" di Sports Authority

Infine, l'orientamento social di American Express si è spostato anche su Facebook, con una logica simile.

Con lo slogan Link, Like, Love i deal possono essere personalizzati e promozioni e reward sono basati su quello che il soggetto e i suoi amici amano, testimoniato dai like espressi su Facebook o sui siti in rete tramite bottone social.

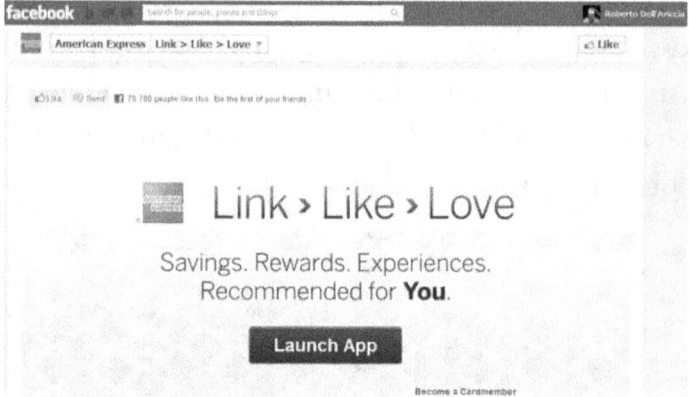

Figura 19 - Iniziativa American Express su Facebook

Cisco: lancio di un prodotto tramite Social Media

E' stato evidenziato in un caso precedente come Cisco sia totalmente orientata verso il mondo dei social media, e ora si vuole analizzare un caso in cui Cisco ha sfruttato questo potenziale.

Lanciando infatti un nuovo router utilizzando solo i social media, Cisco poteva avere un riscontro immediato dell'efficacia di una campagna di social media marketing

Il risultato ha sorpreso anche gli appassionati di social media poiché, con questo unico progetto, l'azienda ha risparmiato più di 100.000 $ sulle spese di lancio e ha di fatto creato un precedente per il lancio di prodotti futuri.

Secondo Sandra Brill, Senior Manager di Cisco, quel lancio è stato classificato come uno dei 5 migliori lanci di prodotto dell'azienda e rese di fatto completa l'accettazione, da parte del top management aziendale, dei social media come strumento efficace e misurabile di marketing.

Fino a quel punto, il lancio di un prodotto tradizionale aveva per Cisco cifre di questo tipo:

- Costi per far venire in sede più di 100 dirigenti e giornalisti provenienti da più di 100 nazioni
- Costi di preparazione al lancio per il top management
- Costo per la preparazione e l'invio di comunicati stampa ai media
- Costo per l'invio di mail ai clienti
- Costo per la pubblicità su quotidiani e riviste

Invece per il nuovo prodotto Aggregated Services Router (ASR), Cisco ha deciso di interagire con i network engineers sfruttando solamente i social media, incontrandoli dove di solito si trovano, online e nel mondo dei videogiochi.

Vediamo in che modo e con quali strumenti si rese possibile questa iniziativa.

Second Life

L'azienda ha costruito un palcoscenico con grande schermo, sedie per il pubblico e le palme per l'evento di punta di lancio, interamente in un ambiente di Second Life. Sullo schermo venivano trasmessi video di dirigenti che presentavano ASR.

Per generare pre-lancio di Buzz, il team ha tenuto un concerto in Second Life con otto bande oltre sette ore.

Figura 20 - Presentazione Cisco su Second Life

3D Game

Cisco sfruttò in questo caso il connubio network-gioco supportato da una ricerca secondo cui il 18% dei professionisti IT gioca online ogni giorno.

Più di 20.000 network engineers hanno giocato un gioco in 3D in cui hanno "difeso la rete" con il ASR.

I migliori hanno poi partecipato a un campionato in cui il vincitore si è aggiudicato 10.000 $ più un router.

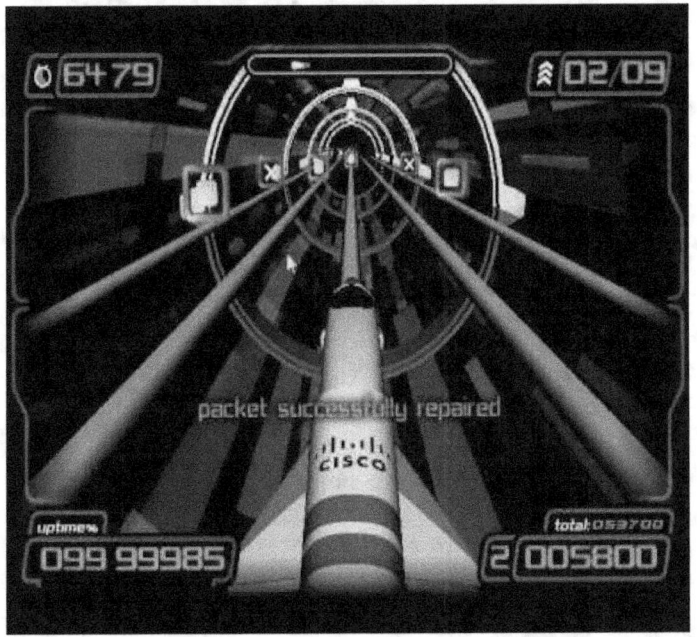

Figura 21 - Il 3d game di Cisco

Video conferenza

Cisco ha sfruttato la sua tecnologia, Cisco TelePresence, per portare virtualmente in sede clienti e giornalisti da tutto il mondo le espressioni facciali del pubblico e viceversa.

Figura 22 - Presentazioni Cisco in video conferenza

Social Media Widget

Cisco ha preparato video e immagini in un formato "social media" adatto per essere diffuso nelle news dei social network. I blogger e gli altri potevano diffonderlo facilmente utilizzando il codice incorporato fornito.

 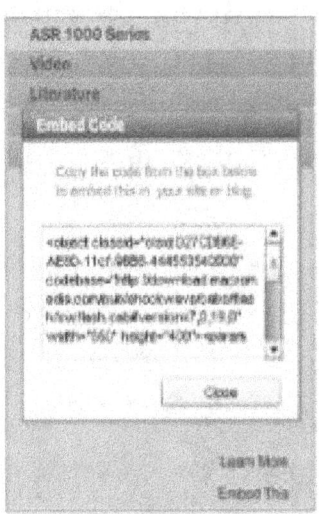

Figura 23 - Social Media Widget

L'intera campagna è durata tre mesi con il lancio nel mezzo. Durante il pre-lancio, lancio e post-lancio, Cisco è riuscito a mantenere alto il livello di attenzione del pubblico sui vari social media.

Le cifre della campagna social media sono state:

- 9000 persone da 128 nazioni hanno partecipato all'evento sociale prodotto mediatico di lancio - 90 *volte* più partecipanti rispetto al passato
- Impiego di solo un'ora dei dirigenti per la registrazione dei video di presentazione
- Risparmio di circa 160000 litri di gas per trasporti
- Numero di articoli di stampa ottenuti triplicato

rispetto a campagne tradizionali
- Più di 1000 post su blog e 40 milioni di impression online
- Costo ridotto a 1/6 di quello di una campagna tradizionale

Non ci sono dubbi sul successo della campagna e sui risultati ottenuti in termini di diffusione di informazioni e abbattimento dei costi, infatti Cisco vinse il premio Leading Lights per Best Marketing.

Bravo: TV e Social Media

Per il lancio sul canale TV Bravo della seconda stagione della serie Top Chef Just Desserts, l'azienda ha deciso di puntare sui social media con l'obiettivo di rafforzare il coinvolgimento degli 1,5 milioni di spettatori della stagione precedente, puntando su entusiasti e influencer e creando forti relazioni con i telespettatori fedeli.

La base di questa iniziativa era un sondaggio secondo cui l'80% dell'audience TV del programma era dotata si smartphone e propensa alla condivisione e alla discussione.

È stata progettata una campagna integrata, partendo da banner anonimi con immagini di dolci sparse in blog tematici: queste immagini rimandavano alla pagina Facebook di Bravo dove si poteva partecipare a un gioco e vincere un dessert gratuito per un mese e guardare delle anticipazioni dello show.

Alle attività su Facebook si sono accompagnate quelle su Twitter dove, rispondendo a brevi domande, si potevano vincere crediti su iTunes, biglietti per il cinema e altro.

Figura 24 - Applicazione di Bravo

Inoltre, un'azione diretta è stata fatta su blogger e influencer per festeggiare eventi e attività quotidiane inviando omaggi da condividere con colleghi e amici, come tortine e dolci oppure speciali strumenti da cucina invitando a scoprirne uso e funzioni attraverso la visione dello show.

I risultati principali della campagna, lanciata ad Agosto 2011, che ne testimoniano il successo sono:

- Più di 1 milione di telespettatori solo per la prima puntata del 24 Agosto 2011
- Twitter
- Più di 3,500 tweets su @BravoTopChef con più di 8 milioni di citazioni e re-tweets di secondo grado
- Nell'arco della stagione di 10 settimane, @BravoTopChef ha guadagnato 12,000 nuovi follower
- 3500 volte gli utenti hanno usato l'hashtag #justdesserts in una settimana
- Facebook
- Nell'arco delle 2 settimane di campagna 18000 nuovi utenti sono entrati nella community di Top Chef Just Desserts
- 28000 like aggiuntivi sulla pagina Facebook
- Digital PR: più di 10 milioni di impression e 50 blog che hanno assicurato il passa parola

Bibliografia

L. Hoffman, M. Fodor, Can you measure the ROI of your Social Media Marketing, 2010

Poggiani Alessandra, MARKETING DIGITALE E INTERATTIVO, 2012

Robert V. Kozinets, Kristine de Valck, Andrea C.Wojnicki, & Sarah J.S.Wilner, Networked Narratives:Understanding Word-of-Mouth Marketing in Online Communities, 2010

Chrysanthos Dellarocas, The Digitization of Word of Mouth: Promise and Challenges of Online Feedback Mechanisms, 2003

V. Cosenza, Social Media ROI, 2012

Christy M.K. Cheung, Bo Xiao, Ivy L.B. Liu, The Impact of Observational Learning and Electronic Word of Mouth on Consumer Purchase Decisions: The Moderating Role of Consumer Expertise and Consumer Involvement, 2012

Sara Radicati, Quoc Hoang, Email Statistics Report 2011-2015, 2011

Sergio Balegno, 2011 Social Marketing Benchmark Report, 2011

Jeremiah Owyang, John Lovett, Social Marketing Analytics: A New Framework for Measuring Results in Social Media, 2010

John Lovett: Social Media Metrics Secrets, 2011

Sitografia

Slide Share, Jeremiah Owyang	http://www.slideshare.net/jeremiah_owyang/
Slide Share, BMGlobalNews	http://www.slideshare.net/BMGlobalNews/
Ray Schiel	http://www.globalsocialmedianetwork.com
Zanox	http://www.zanox.com
Brian Solis	http://www.endofbusiness.com
Social Media Examiner	http://www.socialmediaexaminer.com
Valeria Maltoni	http://www.conversationagent.com
Ninja Marketing	http://www.ninjamarketing.it
Social Media	http://www.socialmediaitalia.co

Italia	m
Social Media Today	http://socialmediatoday.com
Social Media Analytics Italia	http://www.social-media-analytics.it
91 discutibili tesi per un marketing diverso	http://www.91tesi.com
Web Marketing Tools	http://www.wmtools.com
Marketing Charts	http://www.marketingcharts.com
Web Strategist	http://www.web-strategist.com
Shorty Awards	http://industry.shortyawards.com
Web analytics demystified	http://www.webanalyticsdemystified.com
E-Marketer	http://www.emarketer.com

Logic + Emotion	+	http://darmano.typepad.com
Web Marketing Garden		http://www.webmarketinggarden.it